外資系トップの英語力

経営プロフェッショナルはいかに最強ツールを手にしたか

ISSコンサルティング［編］

ダイヤモンド社

世界で活躍するトップは、どうやって英語をものにし
グローバルな仕事を遂行しているのだろうか

英語はほとんどできないのに
いきなり四〇歳にして
海外駐在を申し渡されてしまって
（織田秀明　ボッシュ株式会社　取締役社長）

英語で何か書く場合には、
絶対に英語で書くべきです。
日本語を英語にするのは、やってはいけない
（外池徹　アフラック（アメリカンファミリー生命保険会社）日本における代表者・社長）

英語のテープを聞いていると
通勤中にカァーッとなりまして(笑)。
もう嫌だ、やりたくない、と
(梅田一郎　ファイザー株式会社　代表取締役社長)

留学して半年
いきなり雲が晴れるように、
英語が使えるようになった
(鳥居正男　ベーリンガーインゲルハイム ジャパン株式会社　代表取締役社長)

外資系からキャリアを始めましたが
聞けず、書けず、
しゃべれずのスタートでした
(井上ゆかり　日本クラフトフーズ株式会社　代表取締役社長)

そもそも語学って、
必要性があるときに
一番伸びるものなんです

（程近智　アクセンチュア株式会社　代表取締役社長）

コミュニケーションは、
まずはスキルより
ウィルなんです

（織畠潤一　シーメンス・ジャパン株式会社　代表取締役社長兼ＣＥＯ）

英語力より開き直り。
恥ずかしさを捨てることで
転機が訪れました

（小出寛子　パルファン・クリスチャン・ディオール・ジャポン株式会社　代表取締役社長）

英語に耳を慣らせばいい、はウソ。
語彙力がなければ、
どんなに聞いても力にはならない

（須原清貴　フェデックス キンコーズ・ジャパン株式会社　代表取締役社長）

一番有効だった勉強法は、
英語でいっぱい
恥をかくことでした

（小出伸一　日本ヒューレット・パッカード株式会社　代表取締役社長執行役員）

編者まえがき

「自身のキャリアをさらに高めるためにもっと仕事の実力をつけたい」「キャリアを積み、実力を磨き経営のプロフェッショナルとして活躍したい」というビジネスパーソンに向けて、本書シリーズ『外資系トップの仕事力』はスタートしました。前二作『外資系トップの仕事力』『外資系トップの仕事力Ⅱ』は、外資系企業、日本企業で働く人、外資系企業への就職・転職を考えている人だけにとどまらず、就職を控えた大学生など、幅広い層の方から反響をいただいています。若い読者の方から「トップの困難な仕事にも果敢に挑んでいく、全力で尽くそうとする姿に勇気をもらった」などの声をお聞きすると、次世代のビジネスリーダーを目指し、勇気と自信を抱きながらさらに挑戦していく姿を想像することができ、とても嬉しく感じます。

今、経済や産業を中心に社会全体のグローバル化が加速的に進んでいます。日本企業の英語の公用語化が話題になり、中国やインドの台頭により日本企業のマーケットが脅かされるなど、日本で生活している私たちもそれを感じずにはいられません。

今回は、前二作同様に、外資系トップの自らの体験にもとづいた仕事観やキャリア観、そして人生観について伺ったのに加えて、その加速するグローバル化のなかで「グローバルコミュニケーション」を実践されてきた「英語力」についてお話を伺い、『外資系トップの英語力』として上梓いたしました。ご登場いただいた一〇人の外資系トップの方々は、消費財、ＩＴ、金融、コンサルティング、メディカル、製造業など業種はさまざまで、キャリアも実に多彩です。それに匹敵するように、英語に対する考え方や身につけ方、グローバルコミュニケーションについても、非常に多角的なお話を伺うことができました。

また、華やかなキャリアの陰で、その能力を身につけるためにさまざまな苦労をされていることに、励まされる思いがしました。英語だけをとっても、帰国子女で英語に苦労などしていないように思える方でも、ビジネスの場面では英語が通用しないなど、語学に苦労された時代があります。そのため、今でも英語の勉強を続けていたり、新しい勉強を始めたり、常に学び続けていらっしゃいます。

今回のインタビューのなかで非常に興味深く感じたのは、「英語力」という書名だけでは表すことができない「グローバル環境で活躍するビジネスリーダー」の姿が映し出されていることです。英語は最低限のツールであり、必須条件ではあります。しかし、英語さえできれば、ビジネスは何とかなるということではありません。さまざまな価値観をもったグローバルな環境での厳しい仕事や予想を超える出来事と、彼らは、正面から誠実に向き合い、その課題を乗り越えてきたことを感じとることができます。主体的に自分で考えることができ、多様なバックグラウンドを持つ相手のことを理解しながら、自分の考えをわかりやすく伝え、相手を動かすことができる。単なる強いリーダーシップというだけではなく、相手の立場に立って互いを理解し、それぞれの強みを活かしながら新しい価値を生み出して、人を動かすことができる。英語力だけではない、グローバル環境で活躍するための強いリーダーシップを持ち合わせていることがわかっていただけると思います。

前二作でも共通して感じたことですが、トップ全員が共通して持ち合わせている、与えられた仕事に全力を尽くそうとする真摯な姿勢、困難な仕事に挑戦し自らを高めようとする成長意欲、どれだけ成長しても謙虚さを失わず強い意志を持って攻めていく姿は、読者にも勇気と元気を与えてくれるでしょう。

また、外資系トップというキャリアからは意外に感じたことですが、皆さん日本人であることの存在価値を大切にしていらっしゃいます。グローバル環境ではダイバーシティ(多様性)の重要性がよく言われます。その多様性の中の一人として、日本人であるからこそ、欧米人とは違う価値があるという自覚を強く持ちながら、そのために、日本の文化・歴史を学び、世界では日本という国や日本人がどのように捉えられているのか客観的に理解することを心がけていらっしゃいます。そこには、グローバルな環境で、多様な文化や歴史を背景とする価値観や考え方を理解しながら、日本人としての誇りをもって世界と向き合っている姿がありました。

ＩＳＳコンサルティングは、外資系企業を中心に、新たなキャリアを求める人材と企業を結びつけるビジネスを行っています。グローバル化において日本は他のアジアの国に負けるのではないか、日本のプレゼンスが落ちてきているのではないかという懸念があるのも事実です。だからこそ、日本の価値を世界の中で高めるために、強い意志とリーダーシップを兼ね備えた、次世代のビジネスリーダーが必要なのです。トップの方々が語る内容からは、キャリアを考えるヒントや仕事への心構えなど、無数に得るものがあると思います。一人でも多くの読者が、ご自身の成長につながる示唆を得ていただければ幸いです。

最後に、本書の刊行にあたり、ご登場いただいた一〇人のトップの方々に深くお礼を申し上げます。本書の意義にご賛同くださり、ご多忙のなか、長時間のインタビューに丁寧に応じていただきました。心より感謝したいと思います。

また、前二作と同じく、原稿作成では上阪徹氏に、撮影では公文健太郎氏にお世話になりました。併せて感謝申し上げたいと思います。

二〇一一年一一月

ＩＳＳコンサルティング
関口 真由美

外資系トップの英語力

目次

編者まえがき　vi

Yukari Inoue
Nihon Kraft Foods Limited
井上ゆかり
日本クラフトフーズ株式会社　代表取締役社長
今まで使っていなかった〝筋肉〟を使わないと、上のレベルの仕事はできません　1

Ichiro Umeda
Pfizer Japan Inc.
梅田一郎
ファイザー株式会社　代表取締役社長
時間を作るには好きなことをあきらめる必要がある。何かを切り捨てるから、出てくる意欲もあるんです　25

Hideaki Oda
Bosch Corporation
織田秀明
ボッシュ株式会社　取締役社長
49
問われているのは、英語力なんかじゃないんです。自分たちの仕事に対する誇りなんです

Junichi Obata
Siemens Japan K.K.
織畠潤一
シーメンス・ジャパン株式会社　代表取締役社長兼ＣＥＯ
73
まずはブロークンイングリッシュでいいんです。大事なのは聞けること

Shinichi Koide
Hewlett-Packard Japan,Ltd.
小出伸一
日本ヒューレット・パッカード株式会社　代表取締役社長執行役員
97
相手のことを知ると同時に、日本人としての強さや良さを理解しておかないといけない

Hiroko Koide
PARFUMS CHRISTIAN DIOR JAPON K.K.
小出寛子
パルファン・クリスチャン・ディオール・ジャポン株式会社　代表取締役社長
「それで、あなたはどうしたいの」答えは自分で出すべきものなんです　121

Kiyotaka Suhara
FedEx Kinko's Japan Co.,Ltd.
須原清貴
フェデックス キンコーズ・ジャパン株式会社　代表取締役社長
一〇分でも一五分でもいい。大切なのは、語彙力を磨く勉強を毎日続けること　145

Tohru Tonoike
Aflac Japan
外池　徹
アフラック（アメリカンファミリー生命保険会社）　日本における代表者・社長
窮すれば通ず、といいますか。否応なく、英語を使うことになれば、何とかなるんです　169

Masao Torii
Boehringer Ingelheim Japan, Inc.
鳥居正男
ベーリンガーインゲルハイム ジャパン株式会社 代表取締役社長
日本人に有効なのは、英語を使って、自分の意見を言うトレーニングをすることです
193

Chikatomo Kenneth Hodo
Accenture Japan Ltd
程 近智
アクセンチュア株式会社 代表取締役社長
今、世界の軸足は西から東に移っているし、多極化している。そういう流れに気づいているかどうか
217

※肩書きは二〇一一年九月現在のものです。

❖

装丁・本文レイアウト＝竹内雄二
写真＝公文健太郎

Yukari Inoue

Nihon Kraft Foods Limited

日本クラフトフーズ株式会社　代表取締役社長

井上ゆかり

Yukari Inoue

1962年、大阪府生まれ。85年、大阪大学経済学部経済学科卒。1985年、プロクター・アンド・ギャンブル・ファー・イースト・インク入社。93年、マーケティングマネージャー。95年、P&G North America マーケティングディレクター。2000年、P&G Northeast Asia フェミニンケア ゼネラルマネージャー。03年、ジャーディン・ワインズ アンド スピリッツ（現MHDモエ・ヘネシー・ディアジオ）常務取締役。05年、キャドバリー・ジャパン（現日本クラフトフーズ）代表取締役社長。

外資系からキャリアを始めましたが、聞けず、書けず、しゃべれずのスタートでした

外資系からキャリアを始めたんだから当然、英語はできたんでしょう。そんなふうに思われることもあるんですが、実はまったく違います。聞けないし、書けないし、しゃべれなかった。本当ですよ。そんな私を採用した会社はずいぶん勇気があると思いましたし、それこそ何年も温かく育ててくれたと感謝の気持ちでいっぱいです。

でも、使わないといけない状況に追い込まれたら、できるようになるんですね。自分でいわゆる英語の勉強をした記憶はほとんどないです。基本、オンザジョブ。それこそレポートも英語で書かないといけないし、外国人の上司へのプレゼンテーションもしないといけないし、会議だって英語でやらないといけない。やらざるを得ないと、できてくるものなんですね。

だから私が思うのは、やっぱり仕事で使わないと英語は上手にならない、ということです。今は日本企業でも、英語公用語化をうたって会議もメールも英語で、というところが出てきていますが、素晴らしいアイディアだと思います。これが上達の一番の道だから。

そうじゃない会社の人も、積極的に英語を使う機会を自分で作り出していけばいいと思います。日本語で書けばいいレポートを、あえて英文で書いてみる。日本語で行うプレゼンテーションを、もし英語で行ったらどうするか、自分なりに考えてみる。こんな質問が来たら、こんなふうに英語で答えようとシミュレーションしてみる……。

実は日本クラフトフーズでも、かながわサイエンスパークにあるR&D部門が社員の発案で金曜日を英語デーにしています。社内ではすべて英語でコミュニケーションする。日本人だけの小さな会議でも、です。これはとても効果的だと思っています。

例えば営業職などは、日本市場を対象にしていれば、日本語だけで仕事ができないわけではない。でも、英語ができれば、手に入る情報量が圧倒的に変わるんですね。世界各国が発信する情報が手に入るし、世界中の成功事例をインプットできる。世界の店頭で何が起こっているか、業態はどう変わりつつあるか、消費者ニーズはどんな変化を見せているか。それを知ることが、日本での仕事にプラスにならないわけがない。

世界の市場の変化に対して、私たちがやらないといけないことは何か。どんどんどんどん先に先にラーニングしていくことができる。これは大きな強みになります。もちろん、日本の成功事例を海外にシェアすることもできます。

英語ができるだけで視野が広がるし、モノの見方が多面的になる。しかも、それだけではないと思っています。英語ができれば、仕事がもっともっと、楽しくなるんです。

アメリカに本拠を持つ世界最大規模の食品メーカー、クラフトフーズ。その日本法人、日本クラフトフーズの社長を務めているのが、井上氏だ。P&Gに一七年勤務した後、ジャーディン・ワインズ　アンド　スピリッツ（現MHDモエ・ヘネシー・ディアジオ）を経て、キャドバリー・ジャパンの社長に。キャドバリーが二〇一〇年にクラフトフーズ入りし、日本法人も社名変更。現在に至っている。

私の大学卒業年度は一九八五年。これは、男女雇用機会均等法施行の一年前なんですね。金融のゼミで学んでいた私は、国内銀行に就職するつもりでした。ところが、お世話になった教授にこうアドバイスされて考えを変えました。「日本の会社は下積みが長い。君の性格からすれば、それはきっと我慢ならないと思う。だから、外資に行きなさい。外資なら性別も関係がない」。

当時から、自立したい、という気持ちを強く持っていました。会社員になって、キャリアを積んで、部下を持てるような立場になりたいと思っていました。

中学、高校と私は女子校に通っていたんですね。似通ったバックグラウンドを持った女の子たちと、何の疑問もなく幸せに過ごしていました。ところが高校のとき、放送部でコンクールに出ることになり、ラジオ番組を作ることになって。これが転機になりました。

みんなで頭を悩ませて、ようやく出てきた題材が「友情」。これはいいものになる、とコンクールに出したんですが、他の学校の作品を聞いて愕然としました。もっと社会的なテーマが題材に選ばれていて。私たちは、世の中のことに関心がなかったんです。井の中の蛙でした。なんて視野が狭かったんだろうと。それで、本当は大学まで進める学校だったのに、あえて受験をして外に出たんです。社会の色々な考え方にふれることで、自分自身が成長できるのではないかと。それは自立につながると思っていました。

もうひとつは、女子校でもリーダーシップを取らせてもらっていたこと。生徒会長でしたし。これが楽しかった。問題点を見つけ、みんなで話し合い、行動を起こして解決する。リーダーをまたやってみたい、とずっと思っていて。誰かに何かを言われてやるのではなくて、自分で考えて何かを起こす。そのモチベーションがすごく強かったんです。

英語のレポートを五〇回、書き直したことも。終電続きの新人時代

外資系ならチャンスがあると聞きましたが、当時、門戸を開いているところはあまりありませんでした。その中のひとつが、P&Gだったんです。日本の文化で育って、日本の教育を受けた日本人を採用するプログラムの二期生で、マーケティング部門で採用しても

らえました。

英語ができなかった私ですが、驚くべきことに同期四人の中では、まだできるほうだったんですね。

そんな流れで、私だけが外国人の上司に付けられてしまって。何が気の毒って、上司が気の毒でした。最初の仕事はマーケットの市場データ分析でしたが、そもそも分析の仕方がわからない。つまり、日本語でもレポートを書けないんです。それを英語で書かないといけない。しかも、教えてもらうはずの上司とコミュニケートができない。三重苦の状態でした。だから、いきなり落ちこぼれになりまして。

一年半くらい、本当に辛い毎日。やる気はあって、一生懸命やっているんですけど、空回り。回っていかないんです、仕事が。メジャーブランドに配属され、面白いプロジェクトをたくさんやらせてもらったんですが、いつも何かが足りない。英語のレポートも、五〇回くらい書き直したこともありました。どうにも、うまく書けなくて。

こんな状態でもへこたれなかったのは、絶対にブランドマネージャーになるんだ、という目標があったからです。そうじゃないと、外資に来た意味がないじゃないですか（笑）。マネージャー職、いわゆるリーダーシップが取れる仕事に就きたくて入ったんですから。

五年目に念願のブランドマネージャーになるんですが、それまではほとんど終電の毎日でした。人生で何が苦しかったかって、この五年です。このときのことを思い出したら、どんな苦しみもまったく怖くなくなります。

目標だったブランドマネージャーだが、昇進してみると次なる目標がすぐに見えた。それが、ひとつ上のポジションであるマーケティングマネージャー、さらにはマーケティングディレクターだった。そしてこの昇進で、井上氏はアメリカ本社に飛び込むことになる。そこで待っていたのは、自分の英語が通用しないという、思ってもみない事態だった。

P&Gのブランドマネージャーというのは、包括的にビジネスをとらえる役割を持っていました。ブランド戦略の立案からブランドのP／Lに責任を持ちます。そして社内の専門部署に協力を求める。実行にあたってのプロセスを一緒に進めていきます。

アシスタントブランドマネージャーは、ブランドマネージャーの指示のもと、商品のコンセプトづくり、ネーミング、パッケージのグラフィック、広告づくり、媒体選び、店頭の施策などを推し進めていきます。アシスタント時代から、結果が求められました。絶対に妥協はできないし、いい結果を出さないといけない。その先に、ブランドマネージャーが待っていると思っていました。だから、ブランドマネージャーになれたときは、それはもう、うれしかった。しかも、やってみると面白いわけです。仕事の幅は広がる。責任もある。部下のトレーニングも委ねられる。

もちろんそれなりに大変にもなるんですが、今まで使っていなかった頭の〝筋肉〟を使う、みたいな快感があって。あ、こういう〝筋肉〟使ってなかったな、とわかるというか。逆に言うと、それを使わないと、上のレベルの仕事はできないんだ、と気がつきました。実際に〝筋肉〟を鍛え始めると、「あ、できた」という達成感がある。そうすると、もしかして他に自分が今まで鍛えていなかった〝筋肉〟があるんじゃないか、と思い始めて。

こうなると、もうひとつ上の仕事がしたい、という思いが募るんですね。複数のブランドを束ねるマーケティングマネージャー、さらにはマーケティングディレクター、次のゼネラルマネージャーまではやってみたいなぁ、と。次の目標がどんどん見えてくることが、面白くなってきました。外資に行けと言ってくださった先生は、本当にすごいな、と改めて思いました。

グローバルコミュニケーションには相手をモチベートできるスキルが必須

英語が聞けない、書けない、しゃべれない私でしたが、ブレークポイントは五年目くらいに来たと記憶しています。気がついたら、英語が聞けるようになっていた。突然のことでした。時間はかかりましたけど、海外に駐在しなくても、日常的に英語を使っていれば、こうなるんだな、と思いましたね。でも、入社一〇年目でマーケティングディレクターに昇進して、アメリカに行かせてもらってショックを受けるんです。あなたの英語はまったくわからない、と言われてしまって。何より発音が悪かったんですね。

もちろん、アメリカではブロークンでも通用します。アメリカ人の部下たちは、私の英語が下手ということは一言も言わない。当時の部下はＭＢＡホルダーなどの猛者揃い、みんな本当に優秀で、ちゃんと私の英語を聞いてくれるし、おかしいなんて言わない。でも、これで満足していたら、それまでなんです。

指摘してくれたのは、上司でした。自分なりに英語ができるようになっていたと思っていましたから、これはショックでした。それで、アクセントのトレーニングを受けさせてもらって。世界中から社員が来ていました。みんな、きれいな発音をマスターしたかったんでしょう。録音した自分の発音を聞いたりして、発音を矯正して。おかげで三年後に日本に戻ったときは、「英語がうまくなったなぁ」と言われました。

実はこのとき、もうひとつショックだったことがありました。リーダーシップスキルでした。当時二年間、担当したのが、グローバルカテゴリーのグローバル戦略部門、つまりは各国の戦略を作るための手助けをしてあげるインフルエンス（後ろ盾）の仕事だったんですね。スタッフロールで、自分には何もポジションパワーがないんです。

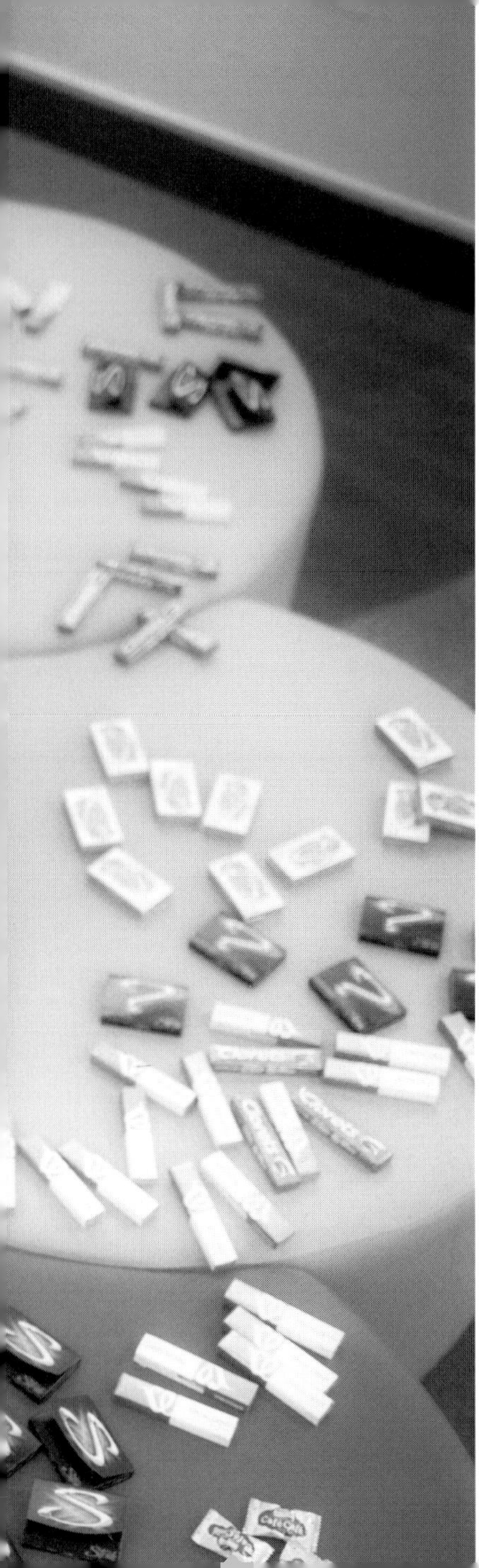

英語の公用語化は素晴らしいアイディアです。
やっぱり仕事で使わないと、
英語は上手にならないですから

初めての仕事でしたし、インターカルチュラル（異文化間）スキルもまだまだ未熟だったこともあって、上司に相談すると、コーチングを受ければ、という話をもらえて。コーチを付けてもらったんです。それで、ミーティングの仕切り方などをオブザーブしてもらって、後から出席者の一人ひとりに「井上さんのどういうところを改善したらいいと思いますか」といったことをインタビューしてくれて。それを私にフィードバックして、一緒に改善していきましょう、というプログラムでした。

実はクラフトフーズでもこういう仕組みがあって、今もエグゼクティブコーチを付けてもらっているんですが、当時もこれは本当にありがたかった。でも、一方で自分にできていないところが、白日のもとにさらされるわけです。

指摘されて痛感したのは、目的を共有することの大事さです。日本人というのは、〝言わなくてもわかる〟ことが多い文化なんですね。でも、グローバルの仕事をすると、みんな文化も違うし、ビジネスの状況も違う。しっかり説明をしないと伝わらないわけです。だから人をうまく動かすことができなかったんだということに、私は気がついたんです。

その仕事にどんな意味があるのか。会社に対してはどんな意味があり、あなたの部署にはどんな意味があって、あなた自身にはどんなベネフィットがあるのか。これをちゃんと説明できないといけない。しなかったときのデメリットも言えないといけない。これがグローバルでは、当たり前に求められるんです。そうでないと、「どうして私があなたの仕事をしないといけないのか」ということになる。

グローバルコミュニケーションとは英語をしゃべることだ、と思う方もいるでしょう。でも、相手をモチベートできないと、コミュニケーションにならないし、仕事は前にも進んでいきません。共通の目的を見出し、それに同意してもらって、自ら責任感を持ってもらって、モチベーションを上げて、「やるぞ」と思わせる。そういうコミュニケーションが求められるんです。

アメリカにいた三年間で一番変わったのは、この姿勢でした。それまで本当にシンプルな文化の中に暮らしていたんだとはっきり気づかされました。日本人同士のコミュニケーションはラクなんです。アラインメントにも、エンゲージメントにも時間を費やさなくてよかった。でも、日本に戻ってからは、日本人の部下にもそれをやりました。やらないと自分が気持ち悪くて（笑）。やってみると、私も部下も、とても心地よく仕事ができたんです。

もうひとつ、アメリカ駐在で井上氏を変えたものがある。それが、キャリア観だった。入社一五年で、ゼネラルマネージャーに昇進した井上氏だが、転職を考え始めるのである。そして彼女が選んだのは、まったく異業種、しかもヨーロッパの会社だった。

もともとひとつの目標がゼネラルマネージャーでしたから、ここでワンセット、そろそろ外に出ようかな、と考えたんですね。ただ、アメリカ駐在がなかったから、この発想もなかったと思います。日本にいると基本は終身雇用といいますか、「他の世界なんて」「ここが一番だ」という感じが強い。ところがアメリカに行くと、みんな自分のキャリアのことを、いつも考えています。そして、いろんなオポチュニティ（機会）をいつも模索している。

アメリカ人にすれば、同じ会社にずっと働いていると、新しいオポチュニティに出会えなくなる、ということになるんです。チャレンジングな人ほど、いろんなオポチュニティに出会えて、会社をどんどん替わっていくわけです。

転機になったのは、あるトレーニングで企業再生の専門家に出会ったこと。彼は、ターンアラウンドのプロで、三年間で結果を出すと、また次の三年間に向かう、という経験を何クールもやってきた人でした。こんな仕事があるんだ、こういう生き方もあるんだ、と思いました。まさに経営のプロ。これはかっこいいな、と思って。

私はマーケティングのプロになりたいと思って、プロになった。ゼネラルマネージャーになったら、次は絶対に経営のプロの道だ、と思ったんです。請われて経営をお願いされるようになれたら、どれほど素晴らしいだろう、と。だから、このときゴールを決めたんです。経営をやってみたい。小さな会社でもいいから、外資系の社長になるんだ、と。

似たような人たちが集まっているところでは、いいアイディアは出ない

あえて、業種も、国も、文化も真反対のような会社に行ったのは、理由があります。エグゼクティブ・サーチ会社の人たちとお話をさせてもらって、アドバイスをもらったんです。P&Gはカルチャーがとてもはっきりしている会社なので、出るときはベクトルが全然違うほうがいいだろう、と。だから業界も違うラグジュアリーを選んだんですね。しかも、アメリカ系でなくて、ヨーロッパ系。そうすると何がいいかというと、比べなくなる、と言われたんです。

マネジメントで似たような業界や会社に移ると、「ああ、前の会社は」ということに必ずなるんだそうです。そうなると、絶対にうまくいかない。これはまさにそうだと思いました。前のゲームの仕方があるわけですね。ルールやチーム、メンバー、コーチ、フィールド。でも、会社を一歩出ると、全部違うんですよ。

このアドバイスは本当に正解でした。それこそ本当にまったく違う会社でした。フランスの会社でラグジュアリー。ビジネスのプロセスはもちろんあるんです。でも、プロセス

より大事なのは、インスピレーションでした。クリエイティブブリーフとまったく違うものが上がってきたとしても、それが良ければよし。スケジュールが遅れても、いいものが出てくればよし。なるほど、こういう価値観や文化もあるんだ、と本当に勉強になりました。

転身から二年。井上氏にチャンスが巡ってきた。『クロレッツ』『リカルデント』『ホールズ』など、日本でもおなじみのガムやキャンディを展開するキャドバリー・ジャパンから、トップ就任を打診されたのだ。その後、社名が日本クラフトフーズに変わったが、驚くべきは実績である。社長就任時と比べてガムのシェアはほぼ一〇ポイント伸びた。さらにガム市場で久々、空前の大ヒットとなるブランド『ストライド』も世に送り出しているのである。

ガムのシェアは今も伸びています。社長のお話をいただいて、何より興味を持ったのは、宝のようなブランドがたくさんあったことでした。マーケティング畑を歩んできて、やっぱり一番自分がモチベートされるのは、ブランドなんです。しかも、自前で営業も持っていて工場も持っている。研究所もある。オペレーションをすべて勉強できる環境だな、と思ったんですよね。

私への期待は、シェアを拡大し強固にしてほしい、でした。それができたらキャンディをてこ入れしてほしい、と。シェアを一〇％も上げるのは大変ではないか？　いえいえ、そんなことはないですよ。だって、まわりを見渡してみてください。どれだけの人がガムを噛んでいますか。まだまだ、ガムを噛むシチュエーションを広げられる、とそう思ったんです（笑）。

例えば、実は若い人はすっかりガム離れが進んでいました。どうして噛まなかったのかというと、別に味に問題があったわけではなかったんです。かっこよくないから噛まなかったんですね。スタイリッシュじゃなかったからです。彼らは自分たちが身につけておきたいと思うものは、かっこよくあってほしいんです。だから、そういう若者の感性に合った商品を出した。すると、売れたわけです。これが『ストライド』です。

もちろんここに至るまでにいろいろな試行錯誤がありました。たくさんの失敗があった。でも、それがないとビッグブレークスルーというのは絶対ないですから。『ストライド』に関して言えば、何が転機になったのかというと、私が関わらなかったことかもしれません（笑）。私自身のジャッジメントや感性を入れちゃいけない、と思ったんです。

若者たちのことを一番よく知っているチームに任せて、彼らの言うことを信じました。それは本当のところは、もう胃が痛くなるような状態だったんですが、グッとこらえて（笑）。

でも、そうするとちゃんと売れるんです。大事なことは、消費者理解なんです。P&G時代、私は責任の幅を次々に広げさせてもらったわけですが、それは商品を売るという結果を出せたからです。なぜ出せたか。消費者を必死で理解しようとしたからです。

仕事に向かうガッツは大事ですよ。上司の声にも耳を傾けないといけない。R&Dの人が「これは売れますよ」と言えば聞かないといけないし、営業からの「こういうものを作ってくれたら絶対に売れます」という声にも反応しないといけない。でも、やっぱり最終的には、消費者が何を求めているか。それを知ることに尽きると思っています。逆にそれがわかれば、間違いなく売れる。何でも売れると私は信じています。

そのためにいろんな取り組みをしました。ターゲットの方をお呼びして、一対一のインタビューをする。グループディスカッションをミラーの後ろで拝見したり。また、ご自宅に伺って、商品がどんなふうに使われているのかを見せてもらったり。

そして問題は、このあと消費者理解をどうアイディアにつなげていくか、です。重要なことが二つあります。ひとつは、自分の感性をいかに磨いているか。本を読んだり、映画を見たり、旅行に行ったり、モノを食べたり、人を見たり、トレンドを理解しようとしたり。要するに引き出しを多くする。自分のヒダをたくさん持っていると、消費者理解に向かったときに、反応できるんですね。努力するからこそ、手に入る感性があるんです。

そしてもうひとつが、ダイバーシティ、多様性です。自分一人で考えても限界があるんです。お互い響き合うような会話ができ、ブレーンストーミングができるような仲間がいる。いいブランドのチームというのは、いろんな考え方、いろんなバックグラウンドの人が集まって、アイディアを出しています。似たような人たちが集まっているところでは、いいアイディアは出ない。だから、今もそれは重視しています。採用も含めて。

モチベーションを高めるには、実は英語のほうが絶対しっくりきます

日本は成熟社会だ、市場は成熟している、成長は難しい、といった話がよく聞こえてきます。でも、私は成長できると思っています。実際、できている。何が違うのかといえば、成長を目指していることです。成長を目指さないことが、成長を阻害している一番要因なんじゃないかと私は思っているんです。

当社にはもうひとつ、サクセスストーリーがあります。ガム市場は一五〇〇億円なんですが、キャンディは三〇〇〇億円。そのキャンディ市場で、私たちは三%から六%にシェアを伸ばしました。要因のひとつが、『キシリクリスタル』という強力なブランドを持つ袋飴のメーカーの統合でした。袋飴と聞いて、どんなイメージを持たれますか。成長市場

だとは思われないのではないでしょうか。どこに伸びる要素があるのか、と誰もが思われていたようです。でも今、二桁成長しています。成長を目指せば、こういうことはできるんです。

経営の仕事は初めてでした。新しい業務分野や見識を高めるといったことは必要ですが、戸惑いはあまりなかったです。ブランドマネージャーの時代から、小さな会社を経営している気持ちでやっていましたから。ゼネラルマネージャー時代は、P／Lも見ていましたし。それより何より、社長になって改めて思ったことは、社員の士気をいかに高めていくか、ということの大切さでした。

ビジョンを作り、人々を鼓舞し、モチベートして、結果を出す。これこそまさに経営者の仕事です。例えば年一回、直接の部下ではない全マネージャーと一時間、一対一のミーティングを続けてきましたが、これをマネージャー以外にも拡げようと思っています。これは私自身の学びの場でもあるんです。会社や仕事に関して、同じ目線で語れるのは楽しいですしね。

そして実はモチベーションを高めたり、リコグニションを与えるのに、日本語は難しいと改めて気づきました。これは、英語のほうがしっくりきます。今度は日本語でも、英語のようにうまく褒めたり、モチベーションを高めたりできるようになりたいと思っています。

日本クラフトフーズ株式会社

1903年にチーズ会社として始まった世界最大規模の食品・飲料メーカー、クラフトフーズの日本法人。60年代にスタートし、クロレッツやキシリクリスタルなどのガム・キャンディの開発・製造・販売を行っている。2010年、M&Aに伴い、クラフト、フィラデルフィア、ナビスコ、リッツなど、世界的なブランドを数多く持つクラフトフーズの傘下に入る。2011年にキャドバリー・ジャパンより社名変更。従業員数は265名(2010年度)。

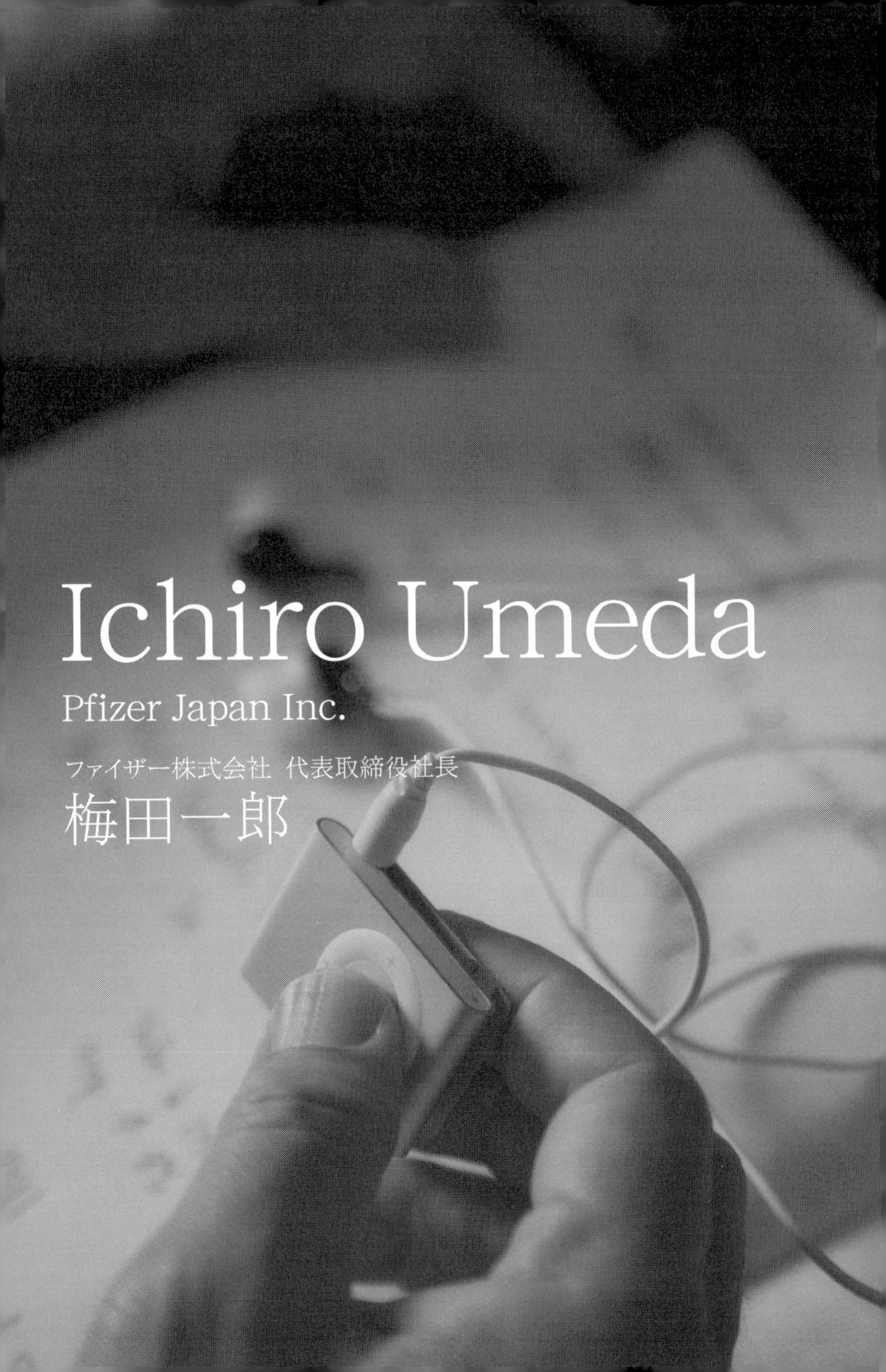

Ichiro Umeda

Pfizer Japan Inc.

ファイザー株式会社　代表取締役社長

梅田一郎

Ichiro Umeda

1952年、大分県生まれ。77年、岡山大学法文学部法学科卒業。80年、台糖ファイザー（現ファイザー）入社、広島医薬販売部。87年、慶應義塾大学大学経営管理研究科卒（MBA取得）。90年、抗炎症剤グループ プロダクトマネージャー。95年、ファイザーオーストラリア 中枢神経系プロダクトマネージャー。2005年、取締役 経営企画担当。06年、取締役 人事・総務担当。07年、取締役 医薬営業担当。09年、常務執行役員プライマリー・ケア事業担当。09年より現職。

英語のテープを聞いていると通勤中にカァーッとなりまして(笑)。もう嫌だ、やりたくない、と

英語の勉強ですか？　よくテープを電車の中で聞いていましたね。それと、文法の本を読む。みなさんがやっておられることと同じです。でもね、要領がいい人は二、三年も集中してやれば身についたりするんでしょうけど、私は要領が悪くて。しかも、どうしても若いうちに海外に行くんだ、みたいな情熱でやっていたわけではなくて、一応英語もやっておかなきゃな、くらいでやっていたわけです。

それで二、三ヵ月、ずっとヘッドフォンを耳に入れていると、通勤中にもうカァーッとなるんですね(笑)。もう嫌だ、やりたくない、と。外したヘッドフォンを、家に帰ると、自宅の部屋のクローゼットの奥に叩きつけてしまったりして(笑)。そうすると、投げつけたままでね。半年くらい、まったくできなくなっちゃうわけです。

でも、やっぱりちょっとまずいよな、と思い直して、またテープを聞き始めるんです。ところが、二、三ヵ月経つと、またカァーッと(笑)。もうやってられるかあ、ってな具合で(笑)。これをもう、何年も何年も繰り返しました。お金を払って、時間もかけて、英会話学校に

行く方法もあったのかもしれませんけれど、時間的にも、その余裕はなくて。だから、テープくらいしか方法が思いつかなかった。

もともと私にはトラウマがあったんです。小学校六年生のとき、母が私を無理矢理、中学一年生が通う英語の塾に放り込みましてね。先生に無理にお願いして。最初は良かった。でも、中学生は毎日のように英語をやるのに、私は小学生ですから週に一回。こうなると、あっという間に遅れていくわけですよ。そうなると、勉強は楽しくなくなる。あっという間に英語が嫌いになりましてね。中学、高校と大嫌いのまま過ごしてしまった。

でも、英語を使わないといけなくなって、何とかしなくちゃいけないと、大人になって勉強を始めてみたわけです。わかんなくてカァーッとなるのは相変わらずでした。でも、ヘッドフォンを投げつけたままの期間がね、ちょっとずつちょっとずつ短くなっていって。それでこう、最後は一年がつながるようになって。そうだなぁ、それが四五歳くらいだったんじゃないかな（笑）。やっぱり少しずつ、少しずつ、前には進んでいたんだと思う。

売上高六七〇億ドル、従業員数一〇万人、研究開発費九四億ドル。アメリカに本拠を持つ世界最大の製薬会社、ファイザー。約六〇〇〇人の従業員を擁する日本法人の社長を務めるのが、梅田氏だ。一九八〇年の入社だが、実は職歴を持った、二七歳での入社だった。

私は大学に六年間、通っていましてね。当時は大学紛争が激しい時代で、私が通っていた大学は過激なほうでして。教室の外は、毎日、ヘルメット姿の学生が走っているような状況で。こうなると、世の中と自分というものを考えざるを得なくなるんですよ。将来どうするのかと言ったとき、公務員になったり、大企業に行ったりすることは、否定されるような空気があった。体制側に行くのか、と。じゃあ、何をしたらいいのか、となるわけで、私自身もどうやって自分は生きていけばいいのか、ずいぶん悩んだんです。

六年も大学に行ったのは、モラトリアムの意味もあった。何をしていいのか、見つからない。そうすると、何の自信も自分につかないんですね。いったい何ができるのか。何かができる自分であることが、おそらく自分が生きていくことをやさしくしてくれるんじゃないか、ラクにしてくれるんじゃないか、と思ったりもして。でも、できることが見つからないから悶々とする。

ところがある日、図書館で偶然、国の名前を書いた分厚い地図帳がずらっと並んでいるのを見て、思い立っちゃったんですよ。そうだ、アメリカを自転車で一周してみよう、と(笑)。グズグズ考えているよりも、さっさと行動してしまいたいタイプなので、居ても立ってもいられなくなって。さっそくアルバイトに行きましてね。

七、八ヵ月くらいバイトをして、自転車屋さんで中古の自転車を買って。海外に行くわけですから、解体の仕方を教えてもらって。自転車屋さんもびっくりしていました。旅行用の自転車じゃないんですよ。中古の安い自転車。ですから解体するには、実は普通じゃ無理でしてね。一ヵ所だけ特別な道具がないと外れない。それで、今でも忘れられないんですけど、ひとつ特別に道具を作ってあげる、と言ってくれて。これはうれしかった。下宿で夜中に練習してね。本当にやれるか、自信がないから、友だちにも内緒でこっそりと。ビザは七五日。一人でアメリカ大陸の上、ずっと自転車に乗っていました。ロサンゼルスから出発して、サンタモニカに戻ってきて。バスに乗ったのが、二回。砂漠の中とロッキー山脈を越えるときと。アメリカ一周した人の本を読むとね、ゴールに着いたときは涙が出てきた、みたいなことが書いてある。でも、そんなものはなかったですね（笑）。人生観が変わったりもしなかった。それまでの自分と何も変わっていなかった。長い旅が終わって、青春の記念碑の一ページを残せた。そして、広いアメリカ大陸を毎日の積み重ねで一周できた。それは後で大きな自信にもなりましたね。

英語ですか？　自転車に乗るのに英語はいらないんですよ（笑）。

生え抜きとか、新卒から来ているとか、
そういうものはこの会社にはなかった。
私がその証明です

私は法文学部卒というより、重量挙げ部卒と言われていましてね（笑）。体育会の重量挙げ部にずっと所属していて。大学を出ると結局、先輩の会社にお世話になるんです。一度、就職されて脱サラをされた方の会社に、弁護士やらいろんな経験を持ったOBが何人も加わっていて。私の場合は、就職というよりは、居候してお手伝いをしていた感じです。ただ、先輩を見ていると、やっぱりちゃんとした会社に勤めた経験があるだけに、仕事の仕方や、人とのコミュニケーションなどが、すごくちゃんとできているわけです。一方の私は、大学は出たけれど、本当に未熟で。社会人としての開きの大きさを感じて、やっぱりどこかできちっと企業に勤めないといけないな、と思い始めました。

当時二七歳。どこかに入れてくれる会社があれば、勤める以上は定年まで頑張り通したいと思いました。それもひとつの生き方じゃないかと。ただ、履歴書を送っても、みんな返ってきちゃうんですよ。年齢制限に引っかかってまったく受けさせてもらえない。一〇通くらい送って、受けさせてくれたのが二社だけ。そのひとつがファイザーだったんです。

そういう意味では、選択の余地がなかったとも言える。ただ、医薬情報担当者という募集職種を見て、これは自分に合うかもな、と思ったんです。ずっと一日オフィスにいるというよりも、少し活動的な仕事で、しかもいろいろ毎日学べて自分を向上させられるんじゃないか、と。医学部でも薬学部でもない自分が、医薬情報をお医者さんのところに行って提供するわけですから、よほど勉強するんだろうな、と。

ただ、入社してからは、想像していたほどには、うまくいかなくて。お忙しい先生のところに行っても、十分に話をすることができない。最初の二年目くらいまでは、やっぱり辛いな、と思うこともありました。でも、先生というのは本当に努力されているんです。夜八時、一日の診療が終わって、ほっと一息ついて一杯飲んでいてもおかしくない時間帯に開催する勉強会に、昼間はほんのわずかしか時間をもらうことができない立派な先生たちがちゃんとやってこられる。そういうのを見ていると、やっぱり自分の仕事はいい仕事なんだ、これは一生懸命やらないといけないな、と改めて感じて。

遅れて入ったという気持ちが強かった。当時は、医薬情報担当者として定年までしっかりやれればいい、と思っていた。転機になったのは、入社三年目。上司から、留学試験を受けるようにアドバイスを受けたこと。そして六年目から、営業を離れ、慶應義塾大学のビジネススクールに〝留学〟することになる。

将来の自分の姿をちゃんと考えて、自分の道は自分で拓け、と社員には言っている私なんですが、そのときはもちろん、実は今日に至るまで、将来の目標はなかったんですね。ファイザーは自己申告の制度がありまして、今こんなことをしていて、将来はこんなことをしたい、と申告できるんですが、私はずっと「今のままで結構です」と書いていた（笑）。

ところが三年目に、上司から留学試験のための勉強をしろ、と。英語はできない、と伝えたら、じゃあ国内留学の慶應もある、と言われて。当時、私は岡山にいたんですが、同じ慶應ビジネススクールに会社から行って卒業していた若手課長が広島におられて、この方が岡山に見えるたびに私が運転手をするように設定してくださって。

それでこの方から、いろんな話を聞かせてもらいました。私はその頃、ビジネスにはまったく興味がなくて、本といっても小説や文学、歴史ばかり読んでいたんです。すると、その課長が後からビジネス書を五冊送ってくださった。読んでみたら面白いんですよ。結局、食わず嫌いだったんですね。あれ、経営って、けっこう面白いんだな、と思って。

でも、三年目と四年目は社内選考にすべりまして。五年目は、二回もすべったからもう結構です、と伝えたんです。次の若手もいましたし、私が受けていると遠慮するじゃないですか。ところが人事から、「梅田さん、今年は受けないんですか」と電話がかかってきて。「あれ、梅ちゃん、今年は目があるかもよ」と上司に言われて。

うれしかったです。少なくともね、生え抜きとか、新卒から来ているとか、どこの学校を出ているとか、そういうものはこの会社にはまったくなかった。私がその証明ですから。

では、どうしてこんな自分に上司が声をかけてくれたのか。営業としてはまったく未熟だったと思います。すごい人はたくさんいましたから。唯一、思い当たるとすれば、営業日報でした。当時は直行直帰も多くて、週に一度、上司に日報で業務報告をしていました。

誰も見ていない、自己管理の世界。日報にしても適当に書くことだって、できるわけです。

私は年数が遅れて入っているだけに、早く育たないといけないと思っていました。年齢が高いというだけで、給料も高かったから。早く成功しなきゃダメだと思いました。それで、日報だけは真面目に正直に書こうと思ったんです。そうすれば、上司から的確なアドバイスがもらえるだろうと。お腹が痛くなって喫茶店でお茶を飲んじゃった、テンションが上がらなくて午前中だけで終わってしまった…。全部、正直に記録を残しました。

それが理由だ、なんて上司は言わなかったですよ。でも、たぶん見ていたと思います。

海外に何年いても
その人の英語力とは関係がない
ということに気づきました

ビジネススクールは、とにかくタフなところでした。まわりは銀行や証券、さらには企業経営をすぐ横で見ているような人たちばかり。やっぱり大変でした。とにかく夜が寝られなかった、という印象が今も強いですね。ディスカッションでも、とてもリーダーシップなんて取れなかった。みんないろいろ勉強しているな、と感じました。ビジネススクールを出たら、それで仕事ができるわけではありませんが、企業経営上のいろんな問題を学

どうして英語が必要になるのか。
それは、信頼関係を作るため、
だと思うんです

べて、どんなテーマでもびっくりしなくなりました。基礎的なものはある、といいますか。あと何が財産になったかというと、友人です。三四歳で卒業しましたから、もう二〇年以上になりますが、かけがえのない友人と出会うことができました。

卒業後、本社でマーケティングに配属になりました。営業から仕事が変わっても、意識は変わりませんでした。やっぱり目の前の仕事を一生懸命やるということ以外になかった。将来のこと、ましてや海外に行って、なんてことは考えつきもしませんでした。

外資系といっても、当時のファイザーはローカルでオペレーションされていましてね。ラインには外国人はほとんど一人もいなかったんです。英語もいらなかったし、英語の勉強はほとんど誰もしていなかった。社長と一部の役員以外は。ときどき、本社から英語のレターが来ると、あちこちの部署を回っていて（笑）。

ただ、私自身は三六歳でショックを受けた出来事があったんです。マーケティングの若手を集めたトレーニングで、アジア各国からの自分と同じようなポジションの人たちと知り合う機会が設けられた。ところが、私は英語がわからなかった。五日間の研修が終わって打ち上げのとき、台湾から来た社員にこんなことを言われたんです。今回、あなたは身体の具合が悪かったのか。だから何もしゃべらなかったんだろう、と。ちょっと忘れられない一言ですね。このときからです、英語の勉強をしないといけない、と思うようになったのは。

そして三九歳のとき、ニューヨークに半年、研修に行く機会があって。英語ができないから、二ヵ月間、ワシントンのジョージタウン大学で英語のトレーニングを受けたんです。ここは、アメリカ政府から奨学金をもらってアメリカの大学院に行く途上国からの若い学生たちがたくさん来ていました。そこにポンとその年齢で放り込まれてしまって。

びっくりしたのは、若い学生たちは、英語をどんどんしゃべることです。でも、訛りがすごくて、ひどい英語なんですね。それでも、しゃべる。ところが、クラスで作文のテストが出ると、私のが模範解答で貼ってあったりするんです（笑）。それでも私はしゃべれなくて、彼らはしゃべれる。なるほど、これが英語か、と思いました。多少きれいな英語を書いて模範になっても、コミュニケーションができないのでは意味がないわけです。

もうひとつ、このときに印象的な出来事がありました。ある朝、学校に行くと学生たちが大騒ぎしているんです。前日に中東で事件があったんですが、政治的情勢が変わる中で、彼らの運命も変わっていくわけです。だから、蜂の巣をつついたみたいになっていた。私はといえば、中東で何かが起きても、どういう問題なのかがまったくわからない。日本という東洋の島国にいて、そういう世界の変化に何の関わりもなく生きていけるわけです。

これではダメだと思いました。グローバル企業に勤めていて、英語の勉強もするような機会をもらって、そういうことにも関心を持っていなかったし、知らないと。これではいけない、と猛烈に感じて。英語だけじゃなくて、国際情勢や国際政治や世界で起きている

ことについて、いろんな意味での勉強をしていく必要性というのも痛感したんです。

国内で英語の勉強をコツコツと続けていく日々。だが、四三歳のとき、梅田氏は海外勤務のチャンスを得る。ファイザーオーストラリアでの、プロダクトマネージャー職である。これで英語がマスターできる、と思ったという。だが、現実は違った。

なかなか英語が上達できなかったのに、なぜ勉強が続けられたのか。それはやっぱり、悔しい思いをしたからです。ときどき本社から外国人が来て、誰かがプレゼンテーションしないといけない。そんな機会も増えていって。

やっぱり辛かったですね。言いたいことが言えない。そうするとね、日本人はダメだな、議論もできないのか、と思われているんじゃないかと感じて。機会があるたびに悔しくて。これをやっぱり何とかしたかった。そして、だんだんファイザーも変わっていくわけですね。グローバル化の波が、日本法人にも押し寄せることになって。

そんなときにもらったチャンスが、オーストラリア赴任でした。二年間。これで帰ってきたら、英語はもうペラペラだ、と思いました。行く前のTOEICが八七五点くらいだったかな。でも、半年の研修なんかじゃない。二年もある。これで小学校以来、何十年と引きずってきた英語のトラウマに、ついにサヨナラと思ったわけです。

ところが、海外のオフィスの本社ビルというのは、ほとんどマネージャーしかいないんですよ。私みたいなジュニアなマネージャーでも小さな部屋をもらって、パソコン相手に仕事をして、会議の時間に出ていくんですね。それくらい。しかも、日本みたいに朝から晩まで会議漬け、みたいなこともない。気がつくと、一日の間に、いったい今日、何分英語をしゃべったか、もしかして一分切ってたんじゃないか、という日もあって。

これではダメだと思いました。それで自分のオフィスの外には秘書が座っていますから、秘書と話すよう心がけるんですが、それでもせいぜい三分。結局、半年経って、すっかり落ち込んでしまって。これは二年間いても同じだと思いました。同時に、海外に何年いました、といってもその人の英語力とは関係がないということにも気づきました。MBAや高校時代の留学なんてことになると、もう絶対にできるんですよ。でも、大人になった人の赴任では、そこでどう過ごしたかで、まったく雲泥の差になってしまう。

実際、私のオーストラリアの環境は、日本にいて一時間ヘッドフォンで聞いていたほうが、よほどマシだと思いましたから。それで、新聞の広告を見て、英会話の先生を探しました（笑）。ポケットマネーで週に二回。でも、何が良かったかって、オフィスでしゃべりませんから、溜まっているんですよ（笑）。それでしゃべりまくる。

結局、一年半で日本に帰ってきて愕然としました。ＴＯＥＩＣの試験を受けると、一〇点しか上がらなかった（笑）。英語のうまい人は世の中にたくさんおられて、私みたいなレベルの人は珍しいと思います。でも、私くらい英語が苦手だったという人が、ある程度、英語で仕事をしていくということになると、道のりは決して簡単ではないと思うんです。

そして英語の勉強というのは、TOEICの点数を取ることとは違うんですね。一〇〇点でパーフェクトでも、それはキレイな英語を聞き取れますという話なのであって、そうじゃない英語もたくさんある。それを考えると、ノンネイティブな人間からしたら、英語の勉強には卒業なんてものはないんです。どこまでもやり続けなきゃいけないんです。

二〇年前に気づいていたら三年か、五年でうまくなれたかもしれない

英語の勉強の仕方は、実のところよくわかりませんでした。ただ闇雲にテープを聞いて、文法の本を読んで。でも、文法はやっぱりてっとり早いというか、文法をやるのがいいと思います。今は少し、勉強の仕方がわかった気がします。二〇年前に気づいていたら、三年か五年でだいぶうまくなることができたかもしれないですね。

ひとつは、シャドーイング。英会話学校を否定するわけではありませんが、先生と一時間しゃべっても、どのくらいの表現を自分で身につけられるか。結局、自分が知っている

言葉しか出てこないわけです。先生にその場で教えてもらっても、すぐに忘れてしまう。

シャドーイングなら、私たちが知らない単語や言い回しがどんどん出てきて、それをテキストで見て確認できる。しかも繰り返して、最後は耳で聞きながら、自分でしゃべって。そうすると、いつの間にか何かが残っていて、あるとき気がついたら、あれ、こんな表現を自分でしていた、ということになる。

もうひとつは、ディクテーションでしょうか。これは私はやっていませんが、社内の留学試験などで、非常に忙しい中、短期間でものすごく成績を上げてくる社員がよく使っているようです。聞いて、書き取るわけですが、実は聞けているつもりでも、書いてみるとわかっていなかったりするわけです。しかも「あ、ここにsが付いて、複数でしゃべっていたのか」とか、「edが付いていたんだ」「ここにofがあったんだ」「atもあったのか」みたいなことが、書いてみるとわかる。まあ、どんな英語の教科書にも、ディクテーションしなさい、シャドーイングしなさい、と書いてありますから、これはその通りですね。

そして勉強するなら、ちゃんと集中することです。どんな場所でも。さらに言うなら、時間を自分で作らないといけない。そのためには、何か自分の好きなことをあきらめる必要がある。私の場合は、文学をあきらめました。大好きだったんですが、その時間を英語に充てました。楽しみとしての読み物は、もう何十年もしていません。でも、何かを切り捨てるから、出てくる意欲もあるんです。

オーストラリア赴任から七年、五三歳で梅田氏は経営企画担当として取締役に就任。二〇〇九年、五七歳で社長に就任した。この間、ファイザーは大きく変わった。ローカライズから多様性へ。今や日本法人にも、世界各国から多くの外国人が赴任している。

私が社長になるとき、ちょうど会社がビジネスユニット制、いわゆる事業部制に移っていくところだったんですね。日本法人を五事業部に分ける。私は日本法人の社長ですが、それぞれの事業部にはリーダーがいて、ダイレクトにグローバルの事業部門のリーダーにレポートする。組織そのものがいっそうグローバルになったんです。

一方で、日本法人として、ワンカンパニー（ひとつの文化）を維持して、お互いが協力し合う関係を作らないといけない。そういう縦軸と横軸のある複雑な組織になった。

さらにこの一〇年ほどで、ファイザーは幾度かの大型合併をしていました。ですから、いっそうコミュニケーションの重要性が求められました。社長であれば、意思決定をするという責任はありますが、社長がすべてを決めて、それをやるしかない、という組織ではないんです。みんなの協力を得つつ、ひとつの方向にしていかないといけない。

ビジネスユニットがあり、外国人もいて、さらに異文化の会社の統合という中で、私の役割があるんですね。本当に多様な人たちが多様な仕事をしていく中で、これまで以上に重要になるのが、ワンファイザーとしての企業の理念、ミッションだと私は思いました。

そこで、全社員に価値規準の浸透を図ろうと、ＯＰＦ（Our Path Forward）カードを全社員に携帯してもらうことにしました。これが、我々の羅針盤なんです。

カードには、企業目的やビジョン、ミッション、バリューなど、たくさんのことが書いてあります。私も覚えきれないんですが、だからこそ持って歩く意味がある。わからないときには、それに立ち戻ればいい。ファイザーのようなグローバルで、多様な背景を持つ社員が社是や社訓を、三つか四つ、暗記しておいたら、それでいいよ、というふうにはやっぱりならないんですよ。覚えきれないけど、なるほどこれはファイザーらしいと思っています。でも、ベースには立ち戻れる。羅針盤ですから。

今のCEOから就任直前に言われたのは英語を勉強しておいてくれ、でした

そういえば、今も覚えているんですが、社長になる前、前社長がこんなことを言いましてね。「梅ちゃん、ニューヨークの幹部に梅ちゃんのことを話したら、誰だ、それは、って言われちゃったんだよ。ちょっと、ニューヨークに行って、私が梅田です、と言っておいてくれ」と。思えばそれが、前社長からのメッセージだったんだと思います。でも私は、

そういうことに、なかなか気づけませんでして（笑）。「いいですよ、そんなこと。別に特に目をかけてくれ、なんて思ってないですし、いいです」と返していて。

それでいよいよとなったとき、今のアメリカ人のCEOが就任直前、私を部屋に呼んでくれましてね。でも、お前が次の社長だ、なんてことは言われないんです。これは本当の話なんですが、言われたのは、英語を勉強しておいてくれ、と。どんなに素晴らしい考えを持って、その国の人から尊敬されていても、英語ができない人間としゃべったとき、こいつは本当に大丈夫なのか、と思ってしまうから、と。

ただ、勘違いはしてほしくないんです。どうして英語が必要なのか。信頼関係なんです。うまくいっていることだけじゃなくて、うまくいっていないことまで、きちんとコミュニケーションできるか。外国人の前で、ピーター・ドラッカーの言う〝真摯〟でいるには、英語が必要になるんだということなんです。逆に言えば、どんなに英語ができても、それができないと信頼関係は生まれません。

いいことも、都合の悪いことも、きちんと伝えようとしているか。私はそれができれば、英語力は後からついてくるとも思っています。彼の英語、彼女の英語は今ひとつだけれど、僕は彼のことが好きだ、彼女のことが好きだ、信用できるから。そう外国人に言ってもらえること。まずはそこから、始めてみてほしいと思うんです。

ファイザー株式会社

1849年、チャールズ・ファイザーらによってニューヨークで創業。積極的なM&A戦略もあって、世界最大の製薬企業となったファイザーの日本法人。日本法人の設立は1953年。日本企業との合弁からスタートし、長く台糖ファイザーの名前で知られた。83年、アメリカのファイザーの完全子会社となり、2003年に現在の社名となった。医療用医薬品、動物用医薬品、農薬の製造・販売・輸出入を手がける。2010年度の売上高は4687億円。従業員数は約6000名。

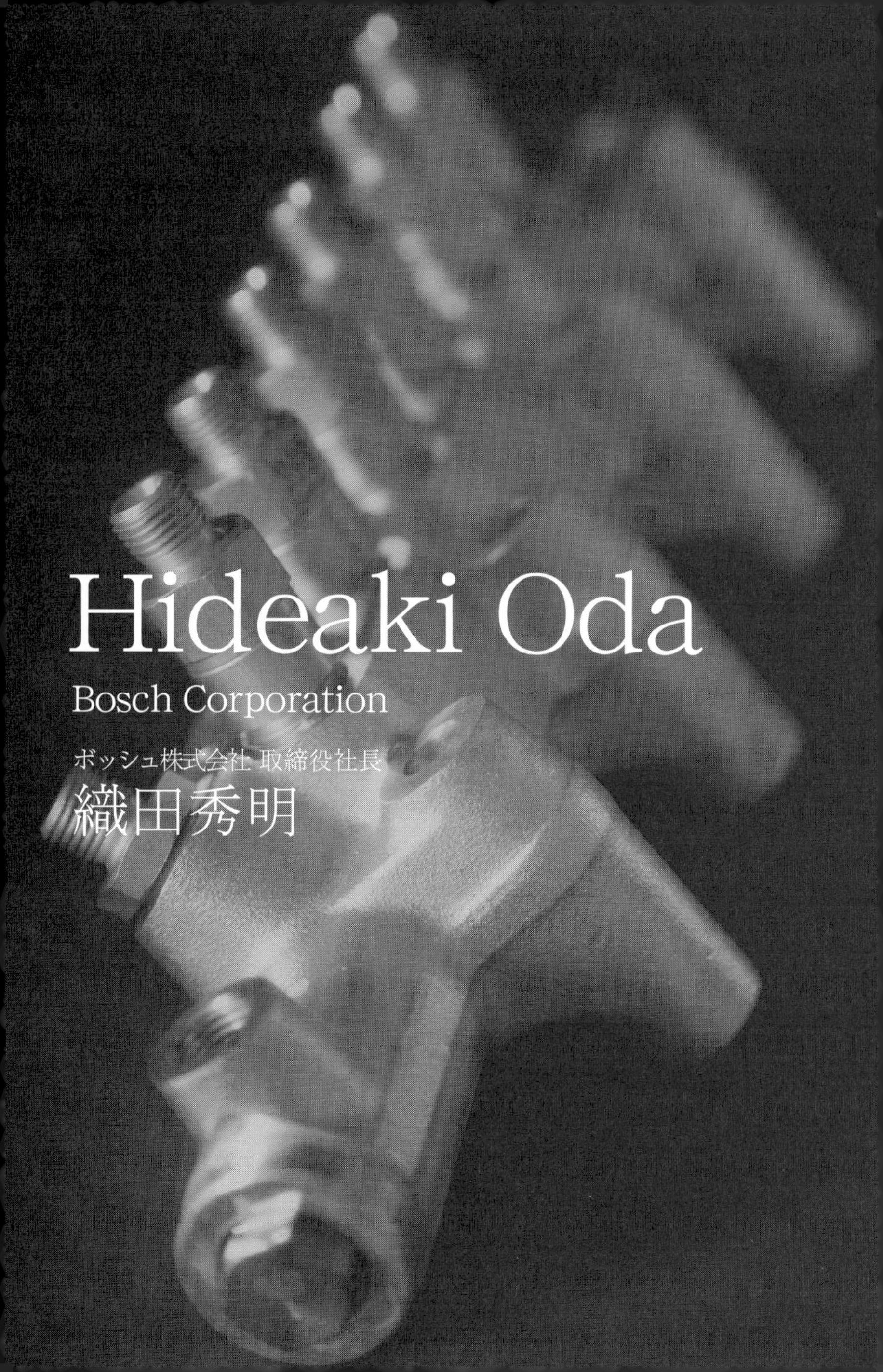

Hideaki Oda

Bosch Corporation

ボッシュ株式会社 取締役社長

織田秀明

Hideaki Oda

1948年、福岡県生まれ。71年、武蔵工業大学工学部機械工学科卒。ヂーゼル機器入社。89年、DK GLEASON.S.A.（ベルギー）取締役。96年、ZEXEL TORSEN,INC.（アメリカ）取締役社長。生産技術開発部長を経て、2001年、執行役員就任。02年、常務執行役員、パワートレイン事業部製造部門長、東松山第一工場、寄居工場、尾島工場、狭山工場担当。05年、専務取締役、ディーゼルシステム事業部長。07年、取締役副社長。09年より現職。

特別な勉強なんて何もしていません。仕事を通じて、現場で覚えたんです

今も困ってるんですよ、英語には（笑）。七年ほど前にもね、私は五五歳でスタンフォード大学の短期ビジネススクールに行かせてもらったんです。もちろん、クラスで一番の年寄りでした。学生のみんながとてもよくしてくれてね。でも、ケーススタディにはとてもついていけなかった。資料を読むのも大変、ディスカッションについていくのも大変。英語は大変なんです、本当に。困っているんですよ、今も（笑）。

このインタビューの依頼を受けたときも、最初は断ろうかと思った。それでも引き受けたのは、もしかしたらひとつでもお役に立てることがあるかもしれない、と感じたからです。それは、読者のみなさんを勇気づけられるかもしれないな、ということ。何とかなるんだ、と。

英語について特別な勉強なんか、私は一度もしたことがないんですから。すべてＯＪＴ（オンザジョブ・トレーニング）。仕事を通じて、現場で覚えたんです。ＯＪＴだけなんです。最初は会社に入って七年目、ちょうど三〇歳になる直前。いきなり上司に、海外視察団に

入ってこい、と言われて。

当時は海外出張なんてほとんどない時代。一生で一回、最初で最後の海外かな、なんて思っていたんですよ。じゃあ、行かせていただきます、と伝えたら、びっくりするような言葉が返ってきて。視察した後、技術提供先であったボッシュの工場を三カ月間ずっと見てこい、と。フォイヤバッハ、ホンブルグ、バンベルグなど工場を次々に回って。カタコトの英語も話せない技術者を、いきなりそんな状態に放り込むんですから、会社も上司もどうかしてたと思う。

ただね、行くとやっぱり思わず感想がね、出ちゃうんですよ。「そうじゃないんだよ、そんな作り方じゃ、ダメなんだよ」って。そうしたら、向こうの工場長が怒り始めちゃって。お前みたいな奴に言われることはない、って。でも、ひるみませんでしたね。おかしいものは、おかしいんだから。いきなりの喧嘩から。それが私のグローバル体験なんです。

自動車産業の歴史は、この会社の技術革新力によって形作られたと言っても過言ではない、と言われる。売上高約五兆五〇〇〇億円、従業員数二八万人。世界に知られるテクノロジーカンパニーが、ドイツに本拠を持つ自動車部品メーカー、ボッシュだ。現在は、自動車機器、産業機器、消費財・建築関連を柱に全世界で事業を展開している。日本での始動は一九一一年。創業から一〇〇年になる。だが本格的な資本の出資が行われたのは一九

九七年から。一〇〇%の出資の拠点が日本にできたのは二〇〇八年からである。

私は大学を卒業してヂーゼル機器（後に社名をゼクセルに変更）という会社に入社しましてね。ディーゼル機関を担う国策企業として戦前に生まれた会社です。ただ、心臓部である燃料を噴射する装置は非常に精密な機器で、日本ではどこも作れなかった。そこで技術供与を受けたのが、ボッシュでした。ボッシュはすでに日本に代理店は持っていたものの、自社で日本に進出するのではなくて、日本の企業に技術を供与することで、結果的にディーゼル機関が広まってくれればいい、と考えたわけです。

一九九〇年代、ゼクセルに出資していた自動車メーカーの事業再編があって、もともと技術供与の関係があったボッシュがゼクセルの株式を引き受けることになりました。その後出資を拡大させ、会社は二〇〇八年に上場廃止、ボッシュの一〇〇%出資の会社になったんです。

世界五〇〇社のランキングで、ボッシュは一〇〇番目くらいになります。驚かれるんですが、実は有限会社なんです。株式を発行して、世の中から資金を調達することをしない。これは、創業者のロバート・ボッシュの意志が今なお引き継がれているからです。短期的な利益を狙うのではなく、長期的に持続的に会社の存続を考えよ、と。第三者が株式を持っていると、どうしても配当にも意識が行く。短期の利益を志向してしまう。だから有限会社なんです。世界には、こういう会社もあるんですよ。

英語はほとんどできないのに
いきなり四〇歳にして
海外駐在を申し渡されてしまって

機械いじりが子どもの頃から大好きでした。高校時代はオートバイに乗って、ギターを抱えて走り回ってた悪ガキで。今も覚えているのは、オートバイを全部バラしたことです。それでまた自分で組み立てると、部品がいっぱい余りまして(笑)。でも、走らせてみると、ちゃんと走ったんですね。こんなこと、今の子どもたちが真似したらダメですけどね。

一番の憧れは飛行機でした。夢はパイロット。ただ目が悪くてそれは断たれるんです。大学時代は、流体工学の微粒化を研究していました。微粒化して噴霧する。このときにディーゼルに出会いました。ディーゼル機器というのは、高圧噴射して霧化したものをいかに貫徹力を持って分布していくか、が肝。面白いと思いました。それでヂーゼル機器に入ったんです。

ただ、最初に配属されたのが、モノを作る機械を自家製で作るところで。例えば、モノを削る工具が問題を起こすので、その工具を作る。当時あまりなかったマイコンを使おう

として、本社の電算室の権威に大目玉をくらったりして。そういう部品を発注してくるのは、生産技術なんですよ。それで上流の仕事に興味を持つようになって、加工、組み立て、計測、調整といった生産技術開発の畑に進んで行くんです。

モノを削る精度を上げるには、まず計測できないといけない。そのために光ファイバーを使ったり、二次元画像を使ったり、東大の生産技術研究所と提携して技術を開発したりしました。研削技術は、焼き入れしたものを研磨で複雑な形状にできるようにしたり、焼き入れ前だとコンマ一ミリくらいの精度しか出なかったのが、〇・〇一ミリの精度でできるようにしたり。世間の常識を変えるような開発に携わることができましたね。

何が面白かったかって、生産技術というのは、すべての事業に関われるんです。だから、新しいビジネスは全部、自分たちのところに来た。新しい技術や新しい製品を始めようとすると、必ず呼ばれました。

ただ、バリバリの現場仕事です。困った現場からSOSが来ると駆けつける。三四歳で課長になったとき、部下が一五名くらいいたんですが、今も覚えているのは、みんなで工場が休みの土日を使って、アルミの切り子掃除をしたことで。これが機械にからむので、何とかしてほしい、というのがミッションでした。アルミの切り子って臭うんですよ。みんな合羽を被って、どこに溜まるのか、うまく流れるヒントは何か、大型の機械の中に入って切り子だらけで真っ黒になって調べて。これこそ生産技術だなぁ、と思いました。

きれいごとばかり言ってもモノなんか作れやしない。やっぱり現地・現物でやることこそ重要だ。それが身にしみてわかった仕事でした。理論だけでやっていると、わからないことが絶対に出てきますからね。

後に技術革新が進んで、すべてメカで行っていた制御が次々電子化で行われるようになっていきます。これはとんでもない革新で、結果的に臭い、汚いと言われていたディーゼルエンジンは革命的にクリーンに、エコにやさしいものに変わっていくんです。でも、原点は現地・現物にあると私はずっと思っていました。今もそうなんですけどね。

ヨーロッパでは、一般乗用車も約五割がディーゼルの技術で走っている。ところが、日本ではわずか一%に満たない。だが、日本でもトラックやバスなどの商用車や建設機械、農業機械などを中心に需要が拡大、事業は右肩上がりに伸びていった。この過程で、ボッシュのドイツ拠点を始め、海外との交流が増えていく。織田氏も幾度かの海外出張を経験することになるが、大きな転機となったのは四〇歳のときのことである。

アメリカのグリーソンという会社から、事業を買い取ることになったんです。私はその買収プロジェクトのコアメンバーの一人になっていました。その流れもあって、ベルギーにある工場を見てこい、という話になった。出張といっても、ちょっとした調査くらいしかしていない、英語もほとんどできない状態だったのに、いきなり四〇歳にして海外駐在を申し渡されてしまったわけです。しかも、二年間で仕上げてこい、と。今と違って、何ヵ月も英会話のレッスンをしてくれる、なんて時代じゃない。いきなり、でした。

一五〇〇人ほどの従業員がいる工場はフランス国境近くの田舎にあって、最初は家も見つけられないから、六ヵ月間ホテル暮らし。日本人なんて、もちろんいません。でも、こうなると、とにかく何とかしないといけないんですよ。それこそ、筆談から始まってね（笑）。これだ、と思ったものは、絵で説明したりね。モノづくりはこれで伝わるから、すごいと思いましたよね。

ただ、問題は私の担当がモノを作るだけではなかったことです。工場の運営すべて、でした。小間使いから経営企画、財務まで、全部やらないといけない。それはもう必死ですよ。でも、その分、自分で何もかもやっていくんだ、というプライドは持てました。

しばらくして日本に出張することになって、その場で会社から連絡がありましてね。そのベルギーで社長を命ず、というんです。四〇歳で子会社の社長は、当時は前代未聞の出来事でした。

でも、これに私はカチンと来まして（笑）。断ったんです。会社では関連役員が揃って宴会まで用意してくれていたんですが、途中で退席しました。同期が飲み会をセットしてくれていたから（笑）。だって失礼でしょう。私の日程を聞かないで、勝手に宴会なんて言われても。社長辞令にしても、そういう上から目線がものすごく嫌だった。道理の通らないことは嫌いなんです、誰が決めたことでも（笑）。

だからベルギーでは、実際にはほとんどのことを取り仕切っていましたが、ずっとゼネラルマネージャーで過ごしました。

最悪なのは英語だけできて、心がない人です

ベルギーでの私のミッションのひとつは、事業を拡大させることでした。もちろん、営業もしないといけない。ただ、そんなに簡単にうまくいくはずがないわけですね。おまけに、競合が強い攻勢をかけてきまして。とある大口のお客さまからは、「競合が半値で売り込みにきた。お前らはできないのか」と言われて。「お前は日本の会社だ。モノづくりがうまい日本なら、できるはずだ」と。

何より大事なことは、このビジネスをキープすることだ、と思いました。だから、「競合を入れるべきではない。価格は段階的に下げる」と申し伝えて。実際、競合相手はビジネスを立ち上げられても二、三年後でしたから、まだこっちにボールはあった。おかげで、

グローバル社会では、日本人も
多様性のひとつ。刺激を与えられる存在として
堂々と胸を張っていればいいんです

ビジネスをキープすることができました。最初はもうダメかと思いました。でも、ひとつ成功体験を得て、交渉はちゃんとできるんだ、とわかったんですね。これを乗り切ったのは、ひとつの自信になりました。

もうひとつ、印象に残っているのは、品質不安が起きたときのことです。それでイギリスのあるメーカーが数万台すべてに責任を負え、と言い出しまして。バーミンガム訛りの英語で、威圧的で、ものすごい迫力なんですよ。でも、私はひるんじゃいけない、と思いました。冷静になって、トレーサビリティを調べる、と言ったんです。問題が起きていた可能性のある期間は、いつからいつまでだ、すべてに責任を負う必要はない。それ以外に問題があるのなら、それはおたくの会社のやり方に問題があるのではないか、と。相手はカンカンになっていましたけどね。最後は、可能性として何個、問題が起き得るのか、実験をしてデータを出して。実際、ほとんど可能性はなかったですから。それで納得してもらって、むしろ信頼までしてもらえた。

このとき思ったのは、やっぱり気持ちは通じるんだな、ということでした。英語力なんかじゃないんですよ、問われているのは。自分たちの仕事に対する姿勢であり、誇りであり、事実なんです。それさえ伝えられればいいんです。余計なことは言わなくてもいい。大事なことは気持ちなんです。そもそも責任者は私しかいないんですからね。最終決断は私がするしかない。そうなったら、腹もくくれたんです。

そういえば、日本時間の夜中にお客さまのトップにギリギリの決断を迫られて、ミリオン・ドイツマルクの決済を、日本の本社の確認なしに「わかった。オレが払う」と返事をしたこともありました。日本は寝ている時間ですし、どっちにしても、日本からはすぐに返事は来ないと思っていましたし。ひとまず返事をして、それからどうにかやりようがある、と思ったんです。実際、開発協力という形を使ったりして、具体的なお金は発生しないで済みました。世界のビジネスでも、やりようはいくらでもあるんだ、と思いました。

事業は順調に拡大していきました。でも、拡大路線は成功したんですが、そのままでは済まなかった。陣容を拡大させ過ぎたんです。結果は出たけど、失敗だった。でも、ありがたいことに最後まで見させてもらえたんです。やっぱりダメだったから日本に帰れ、ではなく、最後までやれ、と。これはやっぱり、強い人間を作るやり方だと思いました。

結果的にリストラに踏み切りました。これは大変でした。ベルギーのテレビ局までやってきて、反発があって。辛かった。でも、リストラしないと会社は揺るがざるを得なかった。言葉の問題ももちろんありましたが、さっきも言ったように、気持ちは通じるんだ、とこのときも思いました。人員は三分の一にまで減らしました。そして幸運にも、後に売り上げは倍増するんです。ようやく大きな利益を手にすることができました。

二年の予定だったベルギー駐在は、結果を出したことで七年に及んだ。工場の運営から、

資金調達のための銀行との交渉、さらには厳しい状態に陥った会社をリストラによって蘇らせるなど、織田氏はここで幅広い経営経験を積むことになる。ようやく帰国かと思った織田氏だったが、思わぬ辞令が出た。今度はアメリカ駐在を命ぜられるのだ。

もともとアメリカの会社を買収して、工場がベルギーにあったわけです。ベルギーでうまくやったんだから、今度はアメリカでも改革をやってこい、というわけです。このときは、社長で行きました。副社長はインド人でしたが、今度はベルギーでは味わえなかった洗礼を浴びせられることになります。多様性です。いろんな国の出身者の英語が全然、違っていて聞き取れず、コミュニケーションに苦労させられたんです。

ドイツ人はドイツ人の英語、フランス人はフランス人の英語、日本人は日本人の英語……。でも、なんといっても難しかったのは、英語を母国語にしているアメリカ人の英語でした。七年も海外にいましたから、英語はそれなりに聞こえてくるようになっていました。ところが初日、社長として挨拶をした後、質問を受けたら、何を言っているのかさっぱりわからない。ヨーロッパで使ってきた英語とは違うんだ、とこのとき初めてわかりました。

英語を第二外国語として使っている民族の人は、英語でコミュニケーションするときに、ゆっくりしゃべってくれるんです。ところが、母国語の人たちはそうはいかない。改めて英語の難しさを認識しました。そしてもうひとつ知ったのは、英語を話せないフリをしている人たちすら実はいる、ということです。

あるドイツのお客さまは長いお付き合いで、ずっと通訳をつけてドイツ語でコミュニケーションしていたんです。ある製品の品質に関してクレームをもらって、私は徹底的に実験したんですね。すべて洗い出して。だから、通訳に英語で「これはウチの製品だけではなく、お客さまのこういうところにも課題があるんじゃないでしょうか」と伝えたら、いきなり激高されましてね。怒りの言葉をまくし立ててくるわけです、英語で。あれ？ ですよ。実は通訳を介さなくても、わかっていたんです、英語が。大抵の場合、そんなことになればひるんでしまいます。日本人はどちらかというと、相手にそれなりに合わせようとしますが、向こうはしないんですよ。有利と見れば、いろいろな材料で次々に踏み込んでくる。日本人の感覚とは、ちょっと違う。これが世界のビジネスなんですね。

だからこそ思うのは、英語がうまくなるには、積極的に人と話し合いをすることだ、ということです。そうしてこそ、コミュニケーションが学べる。英語だけ学んだってしょうがないんですよ、実は。もっと言えば、言葉なんてうまくなる必要はなくて、コミュニケーションこそ、できないといけないんです。

それこそ、誤解を生み出すかもしれないと思ったなら、できるだけしゃべらないほうがいいんです。言葉は少なくする。その分、ハートを使う。一生懸命、説明しようとすれば、心は伝わるんです。相手もちゃんと聞いてくれる。これがやっぱり一番大事なことだと思います。相手のことを思ったら、ノーだってちゃんと出てくるものです。何か説明するときに、背景まで説明しようとする。それができれば、入っていくんですよ、相手には。

それこそ最悪なのは、英語だけできて、心がない人です。中身のない人。これは、相手からも信用されない。それこそ僕は、本当に大事なときは、通訳を使えばいいと思っているんです。でも、英語ができるだけの通訳じゃダメなんですね。ビジネスのわかる通訳でないと。コミュニケーションって、そういうことなんですよ。

アメリカには一年しかいませんでしたが、苦労しました。日本の本社との交渉でも、ずいぶんみんなで悩み、苦しんだ。でもね、面白いもので、そんなに短い期間だったのに、今も当時の仲間が日本に来ると「会いたい」と言ってくれるんですね。そして会った瞬間から、まるで何十年の付き合いのある親友であるかのように思えてしまう。これは、日本人との付き合い以上にうれしいものなんです。コミュニケーションに苦しんだから、それはお互いそうなんだと思うけど、余計に印象に残るんですよ。

守ろうとしちゃいけないんです。グローバル化は、攻めないといけない

実は、日本に戻ってきて、別の意味で衝撃を受けることになりましてね。ちょうどボッシュの資本が本格的に入り始めた頃で、本社から役員が来るから私にアテンドしろ、と言われて。でも、私はもう八年も日本を離れていたわけです。工場に行ったって、うまく説明なんかできるかどうか。ところが、私にやれ、という。幹部に英語で説明できる人が少なかったからです。一部の事業はグローバル化していましたが、会社としてはまだまだ。これではイカンな、と思いました。そしてこの後、会社は一気に変わっていくんです。

ボッシュの資本が入って、まず何が変わったのかといえば、経営理念がしっかりうたわれるようになったことです。社会に貢献し、社会が人を育て、その人がまた社会に貢献し、潤った社会が人を育て…という循環型社会を作るという理念。そして理念のもと、グローバルなガバナンスを進めるための、フレキシブルでありながら、細かな規則で統制された経営体制が敷かれるようになった。なるほど、こういうやり方をするのか、とずいぶん勉強になりました。

幹部の中にはグローバル化に対してネガティブな気持ちがあった人もいたようです。グローバル化というのは、国境がなくなると同時に、いろんな人や文化を許容することでもあるわけですね。これは経験をしていないとなかなか難しいのかもしれない。でも、守ることなんて、もうできないんですよ。世界は開いちゃっているんだから。ならば、ポジティブに受け止めたほうがいい。グローバル化は、攻めじゃなきゃいけないんです。

面白かったのは、社内でも事業部によって温度が違ったことです。保守本流の事業は、海外との棲み分けがあったこともあって意外にも一番グローバル化できていなかった。逆に、空調など自由に海外に出ていた事業ではグローバル化が進んでいた。まあ、グローバル化できなかった古い体質にも、いいところはあるんですけどね。それもグローバル化にうまく使えばいい、と私は思っていましたけど。

そういえば、印象的なことがあった。初めて上司の役員にドイツ人がやってきたとき、私の電話が鳴ったんです。私のキャリアを知っていたんでしょう。「あ、お前が織田か」と。それで、こんなことを言ってきた。「お前はドイツをどう見てる？　教師と生徒の関係か」。思わず、カチン、ですよ（笑）。「何を言ってるんだ。ふざけるな」と私は返しました。実はこの人物とは後にとても親しくなります。カマをかけてきたんです、わざと。そういうこともするんですね、グローバルではね。日本人にはちょっとないことですね。

アメリカから帰国して四年で織田氏は執行役員に。八年後の二〇〇九年には、社長に就任する。この間、ボッシュの稼ぎ頭であるディーゼル事業部門の本社ボードメンバーに名前を連ねていた時期もある。グローバル化が加速する中、日本企業には焦燥感もあるが、織田氏はこう言う。心配する必要はない。日本には強いところがたくさんある、と。

特にモノづくりではね、やっぱり強いのは日本なんです。それは実感します。私たちだって日本企業と一緒にモノづくりを進めると、びっくりするような学びが今もありますから。この強さをもっともっと世界に展開していくべきだと思う。全世界を相手にしたら、さらにダイナミックなビジネスができるんですから。

それとね、やっぱり日本人の良さは困難であればあるほど、頑張ることなんです。東日本大震災からの復旧、復興を見てもそうですが、日本には底力が間違いなくある。世界から見れば、日本のやることは常識外れなことばかりなんだから。しかも、本当の意味でのカスタマー・ファーストを貫くでしょう。これは間違いなく世界が認めてくれている。

日本のモノづくりのポテンシャルが落ちているなんて、とんでもないと思います。大震災で、製造業の構造はピラミッド型でなく、ダイヤモンド型であることもわかった。オンリーワン企業が本当にたくさんあったわけです。これを日本は今後も磨いていくことでしょう。世界が真似できない技術を開発して、どんどん蓄積していけばいい。

ボッシュのグローバルでも、日本式のやり方はたくさん取り入れられています。日本の言葉が、そのまま使われたりもしている。カイゼン、カンバン、ヘイジュンカなどなど。みんな、そういうものを求めているんです。議論好きの外国人とコミュニケーションするときは、論理も大事だけど、相手が得られる何かを提供できないといけないと私は思っています。実は、こういう日本のワードややり方も、そのひとつになるわけです。

ディーゼル事業部のボード時代、五人で五万人ほどを率いていたんですが、どうして私がそこに呼ばれたか。私が異質だったからです。刺激になるんです。組織というのは、ちょっと違った人間をポーンと放り込むと、生き返るんですよ。

だから、よく言うんですが、日本人も多様性の一人、刺激を与えられる一人として堂々と胸を張っていればいいんです。

だから、経営者として何より意識しているのは、人を育てることです。特に、意外性を持つ人です。そのためにも、仕事は任せていく。任されるから伸びるんです。昔の職人の世界では、師匠の背中を見て育った。でも、これには意味があったんですね。何も教えてもらえないから、自分で学ぼうとする。そういう学びというのは、身になるんです。教えてもらったこととは、違う学びになる。自分独自の学びになるんです。

そして上司に刃向かうこと。私もよく、これをやった。間違っていてもいいから、独自の意見を持つ。現状を否定しようとする。それこそ上司に文句を言ってくる人間は、何かを持っています。厳しいことを言ってくる部下を、私は重宝し、抜擢します。

今、仕事をしていて何がうれしいかって、長く関わってきた人が出世していったり、いい仕事をしてくれることですからね。「お、こいつはいいな」と思った部下が育ってくれた。それはね、経営者として何よりうれしいことなんです。

ボッシュ株式会社

1886年、創業者ロバート・ボッシュがシュトゥットガルトに設立した「精密機器と電気技術作業場」を起源に持ち、世界約150ヵ所で事業展開しているボッシュ100%出資の日本法人。ディーゼル技術を始めとした自動車機器、電動工具、自動車補修部品を扱っている。2010年の売上高は連結で約2908億円、単独で約2786億円。日本のボッシュグループとしては約3270億円。従業員数は約7000名。

Junichi Obata

Siemens Japan K.K.

シーメンス・ジャパン株式会社 代表取締役社長兼CEO

織畠潤一

Junichi Obata

1963年、神奈川県生まれ。86年、マサチューセッツ工科大学（MIT）卒業後、リクルート入社。情報ネットワークサービス事業部。91年、MITスローンスクールMBA。マッキンゼー・アンド・カンパニー入社。99年、ゼネラル・エレクトリック（GE）入社。GEメディカルシステムズ アジア ディレクター。2002年、GEプラスチックスジャパン社長。05年、コヴィディエン（旧タイコヘルスケア）入社。タイコヘルスケアジャパン社長。06年よりインターナショナル・プレジデント兼日本代表。11年1月より現職。ヘルスケアセクターリードを兼任。

コミュニケーションは、まずはスキルよりウィルなんです

まずはブロークンイングリッシュでいいんですよ。だいたい英語をしゃべる人の九割が、アクセントが微妙に違ったりするんですから。私が育ったジョージア州も南部訛りが付いていました。ボストンだって、カーをキャーって言ったりしますからね。つまり、ブロークンで許されるということなんです。その意味では、コミュニケーションは、まずはスキルよりウィルなんですね。

もちろんビジネスでバリバリ英語を使うならスキルもやがては求められてきます。英語で電話会議を行う、なんてことになれば、それなりのスキルが求められるようになります。でも、まずは気持ちの問題が大きいと思うんです。そのためにも大事なのは、実は聞けることなんです。言っていることがわかるようになれば、相手にはそれが伝わる。わかろうとしているんだな、ということも伝わる。それだけで、相手の意識は変わるんです。

そしてそうなれば、自分から伝えたいという気持ちも生まれてきます。言っていることが伝わっている、聞いてくれている、と思えば、ますます伝えようという意欲も湧く。し

ゃべるという意味でも、リスニングは、極めて重要なんです。

流暢に、ネイティブみたいにうまくしゃべろうとなんて、しなくていいんです。まずはブロークンでもコミュニケーションが取れるようなレベルまで行けばいい。逆に、どんなに英語がうまくしゃべれたところで、ウィルもない、中身もない、では意味がない。伝える意欲と、伝えるコンテンツ。それこそが、必要なんです。

創立一六五年。ドイツ・ミュンヘンに本社を置くシーメンス。産業機械、電力、交通・運輸、医療など幅広い事業を展開し、今や連結売上高で八兆円を超えるスケールを持つ多国籍企業だ。日本との関わりはすでに一五〇年になり、徳川幕府とのつながりなど、歴史教科書で目にした人も多いかもしれない。日本法人初の日本人社長となった織畠氏は、リクルート、マッキンゼー、GEという三つの〝人材輩出企業〟でキャリアを積んだ。中学からイラン、さらにはアメリカで過ごし、アメリカの大学を卒業している。

横浜に生まれて日本の小学校を卒業して、父の仕事の都合で中学一年からイランの首都テヘランのアメリカンスクールに行くことになりました。日本人は一人もいない。これは本当に大変でした。コミュニケーションがまったくできないんです。言っていることもわからないし、自分からしゃべることもできない。

小学校のときは、とても成績が良かったんですね。ところが、アメリカンスクールに入ったら授業についていけないわけです。英語がまったくわからないからでした。サマースクールで英語を勉強し、一学年下のリーディングというクラスも取りました。ところがそれでもついていけない。生来、負けず嫌いのところがある自分にとっては、屈辱的なことでした。

だから本当に必死になって勉強しました。日本の小学校ではしたことがなかった復習や予習も一生懸命やろうとして。英和辞典とは、いつもにらめっこしていました。そうしたら、中学一年が終わる頃には、全校表彰を受けるまでになったんです。中学二年のときには、全校でトップになりました。中学三年からはアメリカに渡って、ジョージア州の大きな公立高校に入ったんですが、首席で卒業することができた。四六一人中一番です。

でも、それよりもうれしかったのは、学校の勉強以外のところでも認めてもらえたことでした。例えば、アカデミックオリンピックのような催しに英語で出場する。その場でテーマを与えられて、限られた時間内にエッセイを書くコンテストでは、高校二年と高校三年の二度、アメリカ人ではなく、日本人の私が全校代表になりました。州では残念ながら優勝できずに三位で終わってしまったんですが、母国語ではない英語で、ここまでできるんだ、という事実は自分の中で大きな自信になりましたね。

小学校を卒業して言葉の通じない国に行ったとき、へこたれる可能性もあったんだと思います。実際、本当に辛い時期もあった。日本にいる叔父からは「よくグレなかったな」と言われました。では、どうしてそうならなかったのか。もともと負けず嫌いだったこともあります。でも、何より大事なことは、やれば絶対にできる、という思いだったんだと思います。何とかなる。その思いが、結果を生んでくれたんです。

社会人になるまでずっと海外で過ごしましたが、実は読むのは日本語のほうが得意なんですね。子どもの頃から読書は大好きで今でも年間一〇〇冊以上は読みます。でも、書くのは英語のほうが楽です。論理的に考えたり、構成したりするのは、英語のほうが都合がいい、ということなのかもしれません。

飛び込み営業中
目の前で
名刺をびりびりと破られました

マサチューセッツ工科大学（ＭＩＴ）では電気工学を専攻して、修士まで進みました。在学中は、国防関係のメーカーにインターンとして勤め、研究開発職でオファーをもらっていた会社もありました。でも最終的に、選んだのは日本のリクルートだったんです。当時のリクルートは急成長中で勢いがありました。アメリカでの採用に、社長自らやってき

ていた。これからは技術開発が必要だ、ということで、理系採用二期目とのこと。面白そうな会社だ、と思いました。

ただ、やっぱり営業の会社なんです。七月一日に入社すると、いきなり初日から研修と称して営業に出ることになりましてね。名刺を渡されて、定められたテリトリーで顧客を新規開拓する。いわゆる飛び込み営業です。しかも前年に回線リセールの事業をスタートさせていて、主立ったところはすでに顧客になっていました。顧客リストにない雑居ビルに入った会社に、次々と飛び込んでいく。その数、一日少なくとも三〇件。

一九八六年は暑い夏でしてね。毎日ネクタイを締めて、汗だくで回る。でも、アメリカ帰りの私に上手な営業トークなんかできるわけないです。七月一ヵ月の約束だったんですが、見事に営業成績ゼロ。「このままでは、研修を終えられないだろう」という恩情なるもののもとに、もう一ヵ月、営業をやることになってしまって。国防メーカーで研究開発職か、なんて可能性もあった私ですから、これはさすがにカルチャーギャップでした。

しかも、営業の厳しさは半端ではなかった。リクルートは住宅やら旅行やら、いろんな事業を手がけていましたから、いろんなグループの営業が飛び込みで雑居ビルに押し寄せていくわけです。だから、営業では名刺を受け取ってもらうことすらできなかったことがあった。何人かのお客さまからは、分厚い名刺の束を見せられて、「見てみろ、お前のところの会社から、こんなに来ている。いい加減にしろ」と。それでも「いや、納めていただかないと、私のほうも困ってしまいます」と言うと、「そんなに名刺を捨てたいのか」と目の前でビリッと名刺を破られたこともありました。屈辱的でした。

でも、この二ヵ月間は、私にとっては本当に印象に残っています。日本の商習慣を初めて学べたこともそうですし、コミュニケーションの難しさを知ったこともそう。そして何より、モノを売ることの大変さ、モノやサービスの価値を訴え、認めてもらうことの難しさを骨身にしみて知ったからです。この後、マッキンゼーで経営戦略や営業戦略の立案に携わったりすることになるわけですが、シビアな営業の現場を知っているのと知らないのとではまったく違った仕事になったと思っています。

営業では結局、三件、泣き落としのような形で受注をいただきました。もう必死でしたから。リクルートではその後、新規サービス開発を担当して、FNXと呼ばれるファクシミリの同報サービス事業の立ち上げにゼロから携わることができました。ビジネスや経営への関心を大いに高めてくれる会社でした。人的なネットワークが強いのも、リクルートの特徴。今も大きな財産になっています。

約三年のリクルート勤務の後、ビジネスや経営に関してきちんとした知識を身につけたい、とMITのスローンスクールに向かう。MBA取得後、マッキンゼーのオファーを受けた。六年間の勤務の後、転じたGEでは入社四年目で三九歳という日本では当時最年少

でグループ会社トップに就任する。だが、本人は社長職などは意識していなかったという。

最初から経営トップを目指していたんですか、と聞かれることがよくありますが、私にはそういう意識は一切なかったんです。一年ごとの目標を用意し、二〇年先のダイアリーまで描けている、という人もいらっしゃるようですが、私はそうではありません。漠然と経営とか、ビジネスとか、マネジメントとか、そういったものに触れたい、というくらいの意識があるだけでした。今でも例えば五年後に何をしていたいか、というと、明確な答えはありません。出せないですね。

ただ、こだわっていたことはあります。面白い仕事がしたい、面白い人たちと仕事がしたい、というこだわりです。そして、成長している企業に身を置いて、自らも成長させたかった。何らかの形で自分も成長させたいし、それに伴って会社も成長させたい。そういう気持ちを常に強く持っていましたね。そんな気持ちで一つひとつチャンスをクリアしていったら、いつの間にかこのポジションにいた、というだけなんです。

実際、私費で行ったビジネススクールでも、その後の進路が決まっていたわけではありませんでした。当時は投資銀行が花形で、特にM&Aは面白そうだな、と思っていたんです。実は、リーマンブラザーズからもサマージョブでオファーをもらいました。ただ、私はどちらかというと、ビジネスやマネジメントにやっぱり興味があるんじゃないか、と思い直したんですね。

経営コンサルティング会社のブーズ・アレン・ハミルトン（現ブーズ）のニューヨークオフィスでサマージョブをやりました。実際の就職活動もコンサルティング業界に絞って活動して、マッキンゼーを選びました。一番、感覚に合ったから、ということもありますが、アメリカからスタートできる約束をしてくれたからです。

私の社会人経験はリクルートだけでしたから、それで、アメリカでも経験を積みたいと思ったんです。日本に行くのは、その後でも遅くないいんじゃないかと。

アメリカで働いて感じたのは、アメリカのマッキンゼーみたいな超アグレッシブな環境の中では、私はおとなしいほうなんだな、ということでした。ところが、日本に行くと、発言量も増えるし、アグレッシブに見られる。同じ人間なのに、行く場所によってアグレッシブにも、そうでない状況にもなり得る、ということです。ただ、世間一般から見れば、マッキンゼーはどこでも十分アグレッシブでしょうね。競争社会ですし。

その意味では、私はマッキンゼーと相性が良かったんだと思います。二、三年が平均在籍期間と言われますが、私はその二倍の六年強を過ごすことになった。自分でも肌に合っていたと思いますし、仕事も面白かったですね。

人と違うということの価値を、
日本人はもっと理解する時期に
来ているのかもしれません

チームは多国籍。飲みニケーションは外国人相手でも重要なんですよ

外資系のコンサルティング会社というのは、「up or out」が基本。アソシエイトで入れば、二、三年でマネージャーになり、また二、三年でシニアマネージャーになり、次はパートナーになる。「up」でも、二、三年で自分のその後を考える人がほとんどです。私は当時、年齢的には日本人のアソシエイトの中では若いほうでした。でも、三〇代中盤でもしパートナーになったとしたら、四〇歳くらいで次のステップを考える必要が出てくるわけです。コンサルティングをやっていると、ダイナミックな環境で、さまざまな課題解決のシチュエーションを考えたりできるわけですが、最終的には提言を決断し、実行したりするのは、クライアントなんですね。コンサルタントというのは、あくまでアウトサイダーなんです。

私の中で次第に湧き上がっていったのは、そうではなくて、自分の手で何かを動かしたい、ヒト、モノ、カネをマネージしたり、決断したりするシチュエーションに自分を置きたい、という思いでした。それで、入社以来ずっと声をかけてもらっていたヘッドハンタ

ーに、シニアマネージャーになるかならないか、くらいの時期から会うようになったんです。そして、幸いなことにGEから、声をかけてもらうことができました。

提示されたポジションは事業開発で、コンサルタントとしてのスキルを生かしながら、オペレーションで有名なGEという環境にソフトランディングできる。そして、そこで新たなスキルを磨けるかもしれない。私はそう考えました。

六年在籍したGEですが、一番印象に残っているのは、やはり人です。ジャック・ウェルチ、ジェフリー・イメルト…。あれだけの巨大企業でありながら、トップとの距離が意外に短い。接点がすごくある会社なんです。

入社のときにも、今の会長のイメルトと電話インタビューをしたほど。入社時のGEメディカル、その後のGEプラスチックスでも藤森義明さん（前日本GE会長、現住生活グループ社長）が上司でしたが、ダイナミックなリーダーと接点を持てたというのは、とても幸運なことでした。リーダーシップ教育、数字に対する厳しさ、オペレーションへのこだわりなど、GEではやはり学ぶところが多かったです。

目標を立てて、それに対して、どうチームを動機付けさせて、駆り立てる仕組みを作り、数字に落とし込んでいくか。結局、オペレーティングカンパニーには、ヒト・モノ・カネのすべてが必要になるんですね。本当に必要なスタッフがいるか。モノは市場に合ったものができているか。品質に問題はないか。スペックはお客さまのニーズに合致しているか。

それに対する十分な投資（カネ）を投入できるか…。ヒト・モノ・カネのすべてが合わさった戦略を動かす。これは、コンサルタントにはない醍醐味でした。

しかもＧＥでは、意図的にポジションを次々に動かすんです。今は変わったようですが、毎年のように新たなチャレンジがあって、新たなものを学ぶことになった。私は六年で六つのポジションを経験しました。いろんなポジションを経験していれば、事業や組織が変わってもこなせる。そんな人材がたくさんいたのがＧＥの大きな強みでした。

しかも目標は、ＧＥではストレッチという言葉に代表されるように常に高いわけですね。達成しても、またすぐに高い目標を求められる。しかも、環境はどんどん変わります。最初に過ごしたＧＥメディカルは日本をベースに置きながら、アジア七地域を見ていました。市場が伸びている中で、それをさらに上回るようなストレッチ目標を達成していく難しさがありました。後に過ごしたＧＥプラスチックスでは、市場が縮小していて、原料が原油を始めとして高騰していた。そんな中でもどう成長させるのか。お客さまに対して、新しいアプリケーションを受け入れてもらえるか、またはどう値上げをお願いするか。厳しい仕事でした。

二〇〇五年、コヴィディエン（旧タイコヘルスケア）にタイコヘルスケアグループジャパン社長として入社する。翌年からは、日本、アジアパシフィック、東欧・中近東を統括す

るインターナショナルプレジデント兼日本代表を務めた。そして六年後、シーメンスに転じる。

たまたまなんですけど、ＧＥも六年。コヴィディエンも六年なんです。リクルートとマッキンゼーを合わせて約一二年なので、おおよそ六、七年のサイクルなんですね。偶然なんですが。

ＧＥ時代から、だんだんとチームが多国籍になっていきました。英語が共通語。文化も違うし、人の気質も違う。私が意識していたのは、いかに多くの時間をメンバーと過ごせるか、でした。夜に食事に行ったりしてリレーションを深める。海外に行っても、飲みニケーションは重要なんですよ。そうすることで、互いの理解は深まる。

あと、気をつけていたのは、オープンなコミュニケーションですね。日本人を始め、英語が不得意な人も多いですから、英語力だけで人物を判断しないようにする。英語が得意じゃない人でも、オープンに発言できるように、コミュニケーションできるよう、雰囲気づくり、環境づくりをしていく。実際、営業やマーケティングでは、市場の洞察力やお客さまに訴える力は、必ずしも英語力とは関係がないですからね。

そして上司でも誰でも、反論をちゃんと言える雰囲気を作ること。自分の意見があるのであれば、反論してくるくらいのほうがいいですから。一番良くないのは、言葉の問題も含めて、押し黙って閉じこもってしまうことです。それなら衝突のほうが断然いい。衝突することで新たな意見も出てくるし、相互理解も深まるわけですから。

結果に至るプロセスについて本当に納得できているか、が重要

シーメンスからオファーをもらったときに、興味深かったのは、ヘルスケア部門のみならず、インダストリー部門やエナジー部門も合わせたCEO職だったことです。

シーメンスは戦前から日本に進出している老舗メーカーですが、日本でそれなりのプレゼンスを築けているのは、ヘルスケアのみなんです。この分野では、GE、フィリップスと並んで世界のメガスリーと言われています。でも、シーメンスを世界的に見ると、ヘルスケアは実は一番小さなセクターで、売り上げ構成の約二割なんです。残りの八割はインダストリーやエナジーなんですね。

もともと電気工学専攻ですから、インダストリーとエナジーにも興味が湧きました。面白そうだと面接に応じて、ドイツ本社のCEOのペーター・レッシャーに会って、ますます面白そうだと感じて。とりわけ日本では、インダストリーやエナジーにもまだまだ大き

な成長余地があるわけですね。

そしてこのタイミングでローカライゼーションを図って、日本人をＣＥＯに据えようとしていたわけです。グローバル企業として、より日本に根づいた企業にしてほしい。真のグローバル企業にしてほしい。私の社長就任は、そういう意図だと受け止めています。

ただ、就任後は思った以上にいろいろなことがありました。本当は日本中を回り、もっとしっかり現場に顔を出したかったし、ドイツ本社やアメリカとの社内ネットワークも、早いうちにしっかり作りたかったんです。ところが、三月の東日本大震災などで、予定が大幅に狂ってしまいました。やっぱり現場との距離を縮めることは、経営にとっては極めて重要です。現場の声にどこかでフィルターがかかってしまわないようにしないといけない。会議室で役職者とだけ話していても、やっぱり市場のことはわかりませんから。現場の声が吸い上げられるような機会を、できるだけ作るようにしています。

一方、震災直後には緊急対策本部を立ち上げ、本部長として陣頭指揮をとりました。本社との連携も密にとりました。ある意味、チームの一体感も醸成され、自分のプレゼンスを高める結果にもなりました。

これはどんな仕事をしていても、ですが、このポジションに今いるからには、自分なりのバリューをしっかり出していきたいと考えています。自らが何らかの形で貢献する。それは、企業の成長かもしれないし、人が育つために貢献することかもしれない。願わくば、全部であってほしいですが。やっぱり頼られたいですしね。誰かにそう言ってもらえる、ということではなく、自分で納得して、実感したいんです。

もちろん思うような結果を出せないこともあります。でも結果というのは、本当に結果に過ぎないと私は思っています。プロセスとその過程で成果を出していくことこそ、自分にとっては重要なんです。実際、過去にも数字的に十分に結果が出たかといえば、おそらく出ていないものもある。でも最終結果でなくても、少なくとも進捗度合いや成果は自分で認識できます。何をやってきたか、という過程に自らが納得できるかどうか、です。

そして少なくとも一緒にやっているまわりのチームのメンバーが、意識を共有できているか、そこに納得しているか。それこそが、最も大切にしないといけないことだと思っているんです。

中学から海外で過ごすなど、グローバルな世界に長く身を置いてきた。だからこそ、見えてきた〝グローバル感〟があるという。英語でのコミュニケーションもしかり。日本語と同じ感覚で使おうとするから、おかしなことが起きるのだ。

コミュニケーションというのは、一度伝えたから、すぐに通じるものではないんです。どの国のどんな組織のリーダーたちも、みんな手を替え品を替え、必死で取り組んでいるんです。ビジョンやメッセージに対して、自分の信念があったり、自分の自信があるのであれば、繰り返し言わなければいけない、と。最終的には、どのくらいメッセージに対して本気か、ということが問われるということでもあります。

グローバル企業という言葉のイメージにも、勘違いがありますね。例えば、リクルートは外資系でもグローバル企業でもありませんでしたが、当時は最先端を走っていたことは間違いなかった。要するにそういうことでいいと思うんです。今やそれは自然にグローバルにつながっていくことになるから。組織の大きさも関係はありません。小さくても構わない。それよりも、最先端を走っていること。突き抜けようとしていること。それが大事だと思うんです。

そういう企業は自然にグローバル化していく。実際、切磋琢磨しているし、仕組みを常に磨こうとしていますしね。そういう組織に身を置けるというのは、個人としては面白いし、知的好奇心を満たされるし、チャレンジのしがいもあると思っています。そして、そういうところで仕事ができたんだ、という自信にもつながる。

大きいとか有名とか、そんなことではなくて、自分が本当にベストな努力ができるところ、自分にとってのベストな環境で過ごすこと。そういうところで仕事をすることが、次につながるんだと思うんです。

グローバルの誤解といえば、もうひとつ。グローバルだからこそ、日本のことをちゃんと知っておく必要があるということですね。これはとても残念なことですが、同世代の人にしても、自分の子どもたちに比べても、海外に育っていた私のほうがよほど日本の歴史や文化について詳しかったりするということです。

外国人とコミュニケーションを交わす機会が増えてくれば、確実に聞かれます。京都はどんなところですか。奈良には何がありますか、と。それについて「いやぁ、ちょっとよくわからないです」では、やっぱり困るわけです。

日本人が英語でしゃべるからこそ、日本のことを理解しておかないといけない。そうでなければ、アメリカ人が英語でしゃべっているのに、勝てるわけがないんですよ。日本のこと、日本の市場、日本のビジネスを知っておく。それこそ、外国人にとっては、ブロークンであろうが何であろうが、価値があることなんです。

人と違うということの価値を、日本人はもっと理解する時期に来ているのかもしれません。私たちシーメンスも、ダイバーシティは非常に重視しています。いろんな志向、考え方、人種、バックグラウンドなど多様なものが集まってこそ、ヘテロジーニアス（異質）な、ダイバースな強い組織ができるし、次のステージを目指せる。

日本人は日本人であることを誇りにすべきだし、それを誇りにできるコミュニケーションができるように努力すべき。そうなれば、自信が持てるんです。

シーメンス・ジャパン株式会社

1847年、ヴェルナー・シーメンスが、電信機製造会社をベルリンに設立。1861年、プロイセンの東方亜細亜遠征隊が徳川幕府にシーメンス製電信機を献納。1887年、東京・築地に日本で最初の事務所を開設。戦前から数多くの日本企業と合弁会社を設立。メディカル機器などのヘルスケア、産業機械などのインダストリー、火力や再生可能エネルギーなどエナジーの３つのセクターを保有する総合テクノロジーカンパニー。2010年度の売上高は約1730億円。従業員数は約2500名。

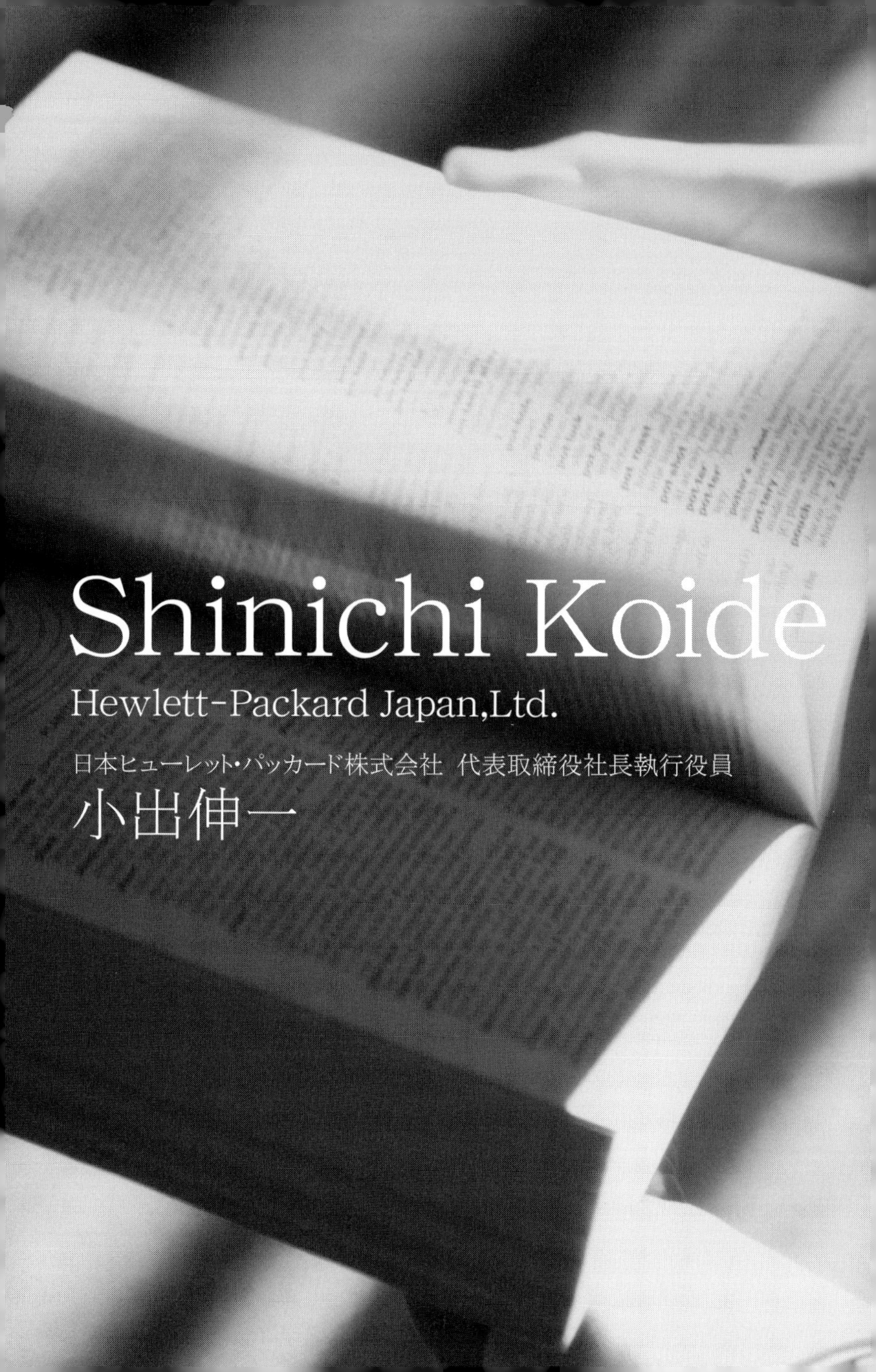

Shinichi Koide

Hewlett-Packard Japan,Ltd.

日本ヒューレット・パッカード株式会社　代表取締役社長執行役員

小出伸一

Shinichi Koide

1958年、福島県生まれ。81年、青山学院大学経済学部経済学科卒。日本アイ・ビー・エム入社。米国IBM出向、経営企画・社長室担当、理事・システム製品事業担当、取締役-ITS・アウトソーシング事業担当、取締役-金融システム事業部長などを経て、2005年、日本テレコム入社。常務執行役営業統括オペレーション担当。06年、取締役副社長。同年、ソフトバンクテレコムに社名変更。代表取締役副社長COO。07年12月より現職。

英語ができれば、いいことが待っている
なんて話ではない。
英語は参加資格なんです

英語ができるようになったら、もっといろんなことができるようになる。たしかにそうなのかもしれません。でも、そんな単純な話ではない、と僕は思っているんです。

ヒューレット・パッカード（ＨＰ）は、世界一七〇ヵ国に展開していますが、グローバルでビジネスを行っていくには、同じ土俵の上で議論をして進めないといけないわけですね。みんなでゴールを決めたり、ターゲットを設定したり。そのとき、英語は共通の理解をするための道具になるわけです。

実は、単純にもうそれだけなんです。つまり、英話ができないということは、そうした共通理解の場に出ていけないということ。参加資格がないということです。そういうレベルの話だと思うんです。だから、英語ができれば、何かいいことが待っている、なんていう美しい話ではないんですね。

逆に言えば、参加資格を手に入れたら、世界は一気に広がります。例えば社員によく言いますが、日本ＨＰは五三〇〇人の社員がいます。ここには社長のポジションはひとつし

かないんです。つまり、五三〇〇分の一の可能性しかない。ところが、グローバルで見ると、英語が話せて、能力が発揮できれば、僕と同じポジションは一七〇ヵ国分あるわけです。自分のキャリアプランも、オポチュニティも広がる。実際、そういうことができるのが、グローバル企業なんです。

ただ、だからネイティブのような流暢な英語が必要なのかというと、僕はその必要はないと思っています。そこには、僕は価値を感じません。例えば、英会話の先生がおられて、素晴らしい英語を話される。しかし、ではビジネスの交渉ができるか、といえば、必ずしもできるとは言えないでしょう。

流暢に話す英語力というよりは、場数を踏んで相手と対等に交渉できる、そういう力こそが必要です。どうしゃべるかよりはるかに、何をしゃべるか、のほうが大切。ネイティブみたいにしゃべらないといけない、と思った瞬間、英語は間違った方向に向かってしまう。だって、ネイティブの人や、何十年も現地に暮らしていた人に勝てるわけがないんですから。実際、グローバルビジネスは、そんな人を求めているわけではないんです。

一九三九年に設立。売上高一〇兆円超。コンピュータシステム、周辺機器の開発・製造・販売を行うアメリカで最も有名なＩＴ企業の一社であり、世界のＩＴ市場をリードするグローバル企業が、ＨＰだ。その基本精神、行動規範「HP Way」は、広く世界に知られる。

日本法人のトップ、小出氏は日本IBMからキャリアをスタートさせている。

僕が就職活動をした年は、アメリカで初めてPCが出た年なんです。コンピュータは、これからいろんなところに浸透していくだろう、これから新しいステージが開かれるに違いない、と僕は思ったんですね。また、日本の将来を考えると、やっぱりグローバル化は避けられないと感じていました。当時は、インターナショナルという言葉のほうがメジャーでしたけど。そういう世界で仕事ができれば、自分のキャリアアップの可能性も高まるし、日本の将来にも何か役立てるのではないか、と思ったんです。

とはいっても、コンピュータを学んでいたわけではありません。まったくのゼロからのスタートでした。今思えば、こうやってゼロから始められた世界が、自分にとても合っていたのではないかと思います。理系も文系も、出身の大学も学部も、男女も宗教も、国籍も年齢もまったく関係のないフェアな環境があった。

まず一年半の研修が行われたんですが、ここでも全員、成績の順位が出ました。僕は幸いにも一番でした。そして、一番いいお客さまを営業として担当できることになったんです。何もないところから順位付けが始まって、ちゃんとご褒美もある。こういう企業文化をとても気に入りました。だから、ちょっと頑張ってみようかな、とも思えたわけです。

インターナショナルという軸で、実は日本の商社も受けたんです。ところが、当時は国

立大学の学生と私立の学生の面接会場が分かれていたりして。こういう環境では、たぶん自分は成功しないと思いました。

ただ、一番いいお客さまというのは、イコール簡単ではないお客さま、なんですね（笑）。おかげで僕は一番で卒業したのに、三年間、一人だけいつも目標達成ができませんでした。

一番有効だった勉強法は、英語でいっぱい恥をかくことでした

どうして営業としてうまくいかなかったのか。研修で一番になって、同期で誰よりも製品知識があって、コンピュータにも詳しくなって。僕は、とにかく売り込めばいいと思っていたんです。徹底して説明すれば、買ってもらえるだろうと。これがいけなかった。

転機は三年目、お客さまからのアドバイスでした。そろそろ考え方を変えたらどうだ、と。あなたが売りたい製品をいくら説明しても、興味は持てない。相手が何を買いたいか、何に悩んでいるかを聞いて初めて、興味の対象がわかる。視点を変えろ、と。

営業活動を大転換して徹底して動いて、僕は翌年、そのお客さまの大型システムをすべてＩＢＭにひっくり返す提案に成功しました。それで、三年間、売り上げゼロだったのに、

四年目に世界ナンバーワンの売り上げを作ることになりまして（笑）。もちろん僕だけじゃなくて、チームで動いた結果ですけどね。

その後、他のお客さまを担当するようになっても、このスタイルを徹底しました。お客さまのところに入り込んで、お話をお伺いして、課題を自分なりに考えて、解決するための提案を繰り返していく。何度も何度も。そうするとやがて、お客さまのほうから「だったら、こんなシステムを提案してくれ」という声が上がるんです。「Request for Proposal」です。

営業にはいろんなスタイルがあると思いますが、いいシステムを作るんだ、というお客さまとの信頼関係が結べれば、「Request for Proposal」を一緒になって作れるようになるんです。これが出た後は、どんなに競合が出てきても揺るぎません。なぜなら、自分たちに有利な条件を組み込んでおけるから。それが、僕は営業のアクティビティだと思っていました。そういう関係が作れるまで、時間をかけ、地道に通い詰めることにこだわりました。

三〇代後半で営業部長に昇進した小出氏は、四〇歳で日本IBMの社長補佐職、さらに翌年からは、アメリカのIBMに出向し、コーポレートストラテジーに配属されることになる。世界中から集まった各国のエリートたちと戦略部門で仕事をすることで、気づいた

グローバルコミュニケーションの本質があったという。

大学が英語教育に力を入れていた学校でしたから、ベーシックな英会話能力はあったと思います。ただ、そんな英語はまったく使い物にならなくて。一方で、マニュアルも英語ですし、社内の研修も英語。圧倒的に英語のシャワーは浴びていたと思います。三〇代の前半くらいには、週二回くらい社内の英会話教室に通っていたこともあります。

でも、営業をやっているときは、それほど英語を使う機会はないんですね。やっぱり必要に駆られないと上達しない。ですから、マネジメントに近づいたときに初めて、もっと英語をやらないといけない、と感じました。特に社長補佐になったときです。

当時の社長は、若手の育成として実務的に何でもやらせる、というスタンスでした。電子メールのチェックも任されましたが、英文のものも少なくありませんでした。電話も最初に取るのが僕でした。海外からの電話がほとんど。しかも、重要な案件ばかり。いつまでに意思決定をしておいてほしい、みたいな連絡が普通に入るわけですね。間違えるわけにいきません。これは本格的に英語をちゃんとやらないとダメだ、と痛感しました。

ただ今思えば、一番有効だった勉強法は、英語でいっぱい恥をかくことだったと思っています。恥ずかしい、と思っている段階でもうダメなんです。かっこいい英語なんか必要ないんです。基本は、相手の言っていることが理解できて、ビジネス上、正しい返答や質問ができればいい。かっこいい英語より、そちらのほうがはるかに大事なんです。

極端に言えば、外国人になったつもりで、のめり込んでしまうこと。もし聞き取れなかったら、「Please say again.」とお願いするか、「Pardon.」を何度でも繰り返す。これは意識してやっていました。相手がどう思おうが構わない。恥ずかしいなんて言っていられないんです。間違えるほうが、よほど大変なんですから。僕にとっても、相手にとっても。

その意味では、やっぱり外資は英語が鍛えられる環境にあったといえるかもしれませんね。ニューヨークの本社に行けば、日本人はほとんどいない。みんな英語が当たり前ですし。これがもし、日本企業の駐在だったら、日本人も大勢いるし、外国人も日本人だから、と英語に気を遣ってくれる、やさしい文化があるかもしれません。外資ではそれはまったくなかったですから。

先輩の言葉が人生を変えた。「人生設計を、足し算ではなく引き算で考えろ」

ニューヨークに赴任が決まったときも、印象深いことがありました。赴任前に一週間だけ事前に現地に行かせてくれるんです。ホテルが決まると、そこに分厚いマニュアルが届いて。翌日から、やらないといけないことが英語でずらっとリストになっているんです。自分の住む家を見つける、契約書にサインするときは弁護士を雇う、子どもの学校を探しておく、学校の先生には挨拶に行く、予防接種を受けたかどうかは必ず報告しておく……。

これも日本企業なら、段取りはすべて現地の人たちがやってくれると聞いたことがあります。でも、自分たちでやれ、ということだったんですね。銀行口座の開設も、クレジットカードづくりも、ありとあらゆることが初めて。何もわからないところから始まる。でも、そうすると、やっぱりこれも恥ずかしいから聞けない、なんて言っていられなくなる。

配属された部門には、日本人は僕しかいませんでした。ここでもわかったことは、現地で場数を踏まない限り、わからないことがある、ということでした。例えば、ある程度、決まったビジネスのことでコミュニケーションを交わすことには、普通に英語を話していれば問題はないんです。ところが、僕が配属された戦略部門は、ＩＢＭが今までのようなコンピュータの会社で生き残れるのかどうか、全員でディスカッションをするようなところだったんですね。テーマがものすごく広いわけです。

しかも僕のようにアジアから来た人間もいれば、コンサルティングファーム出身者も、ＩＴはまったく知らないというメンバーもいた。まったく違う文化観や価値観を持つ人たちの集まりの中にいて、全員でディスカッションする。こうなると、彼らが育ってきた風土や文化、歴史をお互いに知らないとコミュニケーションにならないんです。

目標やゴールがないときは、
結果は出ない。
そう思っています

さらに、みんなMBAホルダーだったり、高いディベート能力を持っていたりして、やっぱり圧倒されます。それはもう、本当にすごい。ただ、ではそれ以外もすごいのかというと必ずしもそうではないわけです。僕が改めて思ったのは、相手のことを知ると同時に、自分の強さや良さ、もっと言うと日本人としての強さや良さを理解しておかないといけないということでした。それができていないと、圧倒されるだけになってしまうんです。

たしかにディベートが得意な人たちもいる。でも、しっかり物事をやり遂げることが得意な人もいるわけですね。そういうお互いの強さをお互いにしっかり理解していないと、単なるエゴのやりとり、言葉のキャッチボールで終わってしまいかねないんです。ディスカッションが空回りしたまま前に進んで行かない。これが、グローバルコミュニケーションの難しさではないかと思いました。でも、それは自分にも向けられるわけです。

僕は営業という現場出身者でした。しかも、アジアの代表。ですから、現場をマネージしてきた人間から言わせてもらうと、現場はこうだ、お客さまはこうだ、競合他社はこうだ、と現場に近い視点からディスカッションで意見をしていくと、まわりもちゃんと聞いてくれるんですね。なぜなら、例えばコンサルティングファーム出身者は、そういう現場を見たことがないわけですから。

つまり、このディスカッションの中で自分は何で勝負すべきなのか、という自分のそのときそのときの価値を常に考えて、言葉を発信しないといけないのが、グローバルコミュニケーションの本質なんです。単に英語がしゃべれるとか、ディベートがうまいとか、そういうところの勝負ではない。誰もそこに期待はしていないんですよ、日本人には（笑）。

そしてこのとき、グローバルで働くことの面白さにも改めて気がつくことになりました。価値観の異なる、いろんな人たちがひとつのチームになるからこそ、面白い化学反応が起きる。そうすることで、爆発力を持ってゴールに向かえる。だからこそ、大きな成果を出すことができる。同時に自分も高められるし、自信も深められるようになるんです。

この後、IBMは世界が驚く大胆な構造改革で、メーカーからサービスカンパニーへと企業体を一気に変える。帰国後、経営企画担当などを経て、取締役に昇進した小出氏だったが、入社二四年で日本IBMを去った。経営再建中だった日本テレコム（現ソフトバンクテレコム）に常務執行役として転じ、後に代表取締役副社長COOを務めるのである。

入社三年目で営業スタイルを大転換させたことも大きな転機だったんですが、僕にはもうひとつ転機がありましてね。二九歳のとき、先輩からもらったアドバイスです。そろそろ人生設計を、足し算ではなく引き算で考えろ、と。今日頑張って、明日頑張って、明後日頑張って、と足し算でいくら売れました、というのがそれまでの発想でした。でも、これからは、自分は何歳でこんなゴールがある、だから何をやるべきなのか、何をやっておかないといけないのか、いつも引き算で物事を考えろ、と。

例えば、いくつでどんなポジションで引退するのが理想なのか。子どもはどうしていたいのか。僕の出した答えは、とてもシンプルでした。五五歳で社長として引退したい、と考えたんです。

だからといって社長になってすぐに引退、というわけにはいきませんから、四〇代後半には社長になっていないといけない。目標があると、逆算ができるんです。そのために、何をやらないといけないのかがわかる。あるときは勉強、あるときは英語力、あるときは体力など、チェックポイントがどこかで必ず見えてくる。社長になるために何をしないといけないのか、それをずっと心の中に持っていると、思いつきではなく、実際に浮かんでくるんです。

その目標があったので、本質的な経営をするためには、日本ＩＢＭにいるだけで十分なのか、と改めて思っていました。例えば、キャッシュフローを始めとしたリアルビジネスを体験するべきではないか。そんなときに、赤字を出して苦しい中、構造改革をしないといけなかった日本テレコムから、お誘いをいただいたんです。苦しい状況を、しかも日本の企業で経験できる。これはやっておいたほうがいいと思いました。

ただ、きっかけはあくまでご縁でした。それこそ人生の半分は縁かもしれないです。縁やタイミングで、まったく違った人生になっていた、と今も思っています。

社長がゴールでは厳しい。能力を注ぎ込まないといけないのは社長になってからですから

これは社長になってから改めて実感したことですが、社長がやらないといけない大きな仕事が二つあります。ひとつは、今すぐ結論が出ないことに結論を出すこと。五年、一〇年後に結論が出るようなことは誰もリスクが取れません。副社長も常務も判断してくれない。「社長、ご判断を」となる。もうひとつは、切り捨てるという判断です。何かを選択するというのは、本当には困らないんです。しかし、切り捨てるというのは難しい。事業をやめる、撤退する、賃金を下げる…。こういう判断は社長がするしかない。

この二つ以外は、マネジメントチームがきちんと裏付けを取りながら、論理的に積み上げていきます。だから、社長は難しいことだけをやることになる。厳しいし、孤独ですよ。社長を一度やると、もう二度とやりたくない、と言う人もいます。

ただ、僕の場合は、社長になることだけがゴールではなかったんです。社長になって何かを成し遂げて引退する、だったんです。つまり、成功しないと引退、なんて言えないんですよ（笑）。おかげで、社長になるのは通過点で、社長になって成功しているか、とい

うところまで常にイメージすることになりました。

実際のところ、社長になることがゴールでは厳しいと思います。なってから成功するんだ、という強い意志がないと、なった後に苦しむことになる。本来、能力を注ぎ込まないといけないのは、社長になってからですから。ゴール設定を間違えてはいけないということです。ただ、僕の場合、五五歳で引退というのは難しそうです（笑）。あの頃と今とでは、時代状況も労働慣行も変わってしまっています。ちょっと目標が難しくなったな、と思えば軌道修正すればいいんです（笑）。反省するべきところは、しっかり反省して。

いずれにしても、社長に求められることは、難しい判断を、勇気を持ってするということに尽きると思っています。今ある材料だけ見て、「これはイエス、これはノー」と機械的に答えを出すのなら、誰でもできる。そうじゃなくて、自分の経験や知識から、将来を洞察して判断していくわけですね。洞察力です。英語で言えば、インサイト。経営の中で一番重要なのは、このインサイトだと思うんです。

膨大にあるデータの中から、価値のある情報と自分が理解して、その情報から先を見通す力は、経営者のとても重要な能力です。この洞察力が極めて飛び抜けていたのが、ソフトバンクテレコム時代に一緒に仕事をさせてもらった孫正義さんでした。従来の常識なら、二兆円もの借金をして携帯電話を買収する、なんてことはネガティブ一色でしょう。それを洞察力でやってのけてしまう。ディフェンシブで、やるべきではないという声が当たり前に出てくるような案件でさえも、総合力で判断をしてしまう。これが本来の経営者の仕事だと感じました。

二〇〇七年一二月、小出氏は日本HPの社長に就任する。グローバルでも存在感のある日本法人を率いるようになって、改めて見えてきたことがあるという。それは、日本という国そのものの地盤沈下である。今は極めて強い危機感を持っていると語る。

HPも当時、構造改革が求められていました。売り上げがハードウェアに依存していたし、お客さまの業界も偏っていた。ハードウェア価格は下落の一方でしたから、これを続けている限り、利益が下がってくることははっきりしていました。また業界に偏っていると、その業界の成長率の影響を受けてしまう。要するに、事業ポートフォリオを全部変える必要がありました。ソフトへのシフト、サービスへのシフト、多様な業界のシフトです。

僕はHPという会社を外部からずっと見る立場にあったわけですね。だからこそわかるHPの悩みも、目指す方向も実はありました。外から見たほうが、会社のことがよくわかることもあるんです。ただ、外部から来た人間で、一番やってはいけないのは、すべてを否定することだと思っていました。だから、僕は絶対にそれをしませんでした。

まずは、今の強みは何ですか、という分析をして、強みをどんどん伸ばすように社員にメッセージしました。同時に、今のままだとまずいよね、ということも共有する。このままだと売り上げが下がり、利益も上がらず、お給料を払えなくなる。だから一緒になって、新しい会社に変えていかないといけないよね、という危機感を共有するんです。

ここで一年なり、一年半なり、痛みを伴うアクションだけれど、やれば必ずこういう美しさになる。だからそれに向かって一緒にやろう、と。いいところはいい。でも、ここを直したらもっと良くなるんだと伝える。まずは、そこから始めました。

もちろん構造改革をやろうとしたら、ネガティブな声も上がります。でも、続ければこうなるはずだ、ということを何度も何度もコミュニケーションするしかない。社長業には奇策はないんです。地道に一つひとつ積み上げていくしかない。いろんなことに配慮しながら、一つひとつ完了したか、チェックしながら進めていく。社長は地味な仕事なんです。でも、地道にやれば確実に結果は出る。実際、日本法人は大きく変わりました。

グローバルな会社にいると
世界がよくわかる。
日本は極めて厳しい見方をされています

僕はグローバルな会社にいますが、逆に言うと日本がよく見られる立場にもあります。

HPの中でも政治の世界のような「G8」や「G11」があるんですが、メンバーでいると、グローバルから見て、自分の国がどう思われているのか、よくわかるんです。

今の印象は、日本の政治や経済がこのままで進むと、完全に乗り遅れてしまう可能性があるということです。市場は大きくならない。GDPはマイナス成長。アジアの中でも他に例のないデフレーションの強い国、価格もどんどん下がってしまう。しかも製造コストも高い。不動産コストも高い。人件費も高い。それでいて、品質に対する要求が高いから、テストもいっぱいしないといけなくて、またお金がかかる。それが日本です。

こうなると、出てくる利益はほんのわずかになってしまう。加えて、高い法人税を取られる。そうすると、何も残せない国、という判断になるわけです。本当にこの国に、これから投資していいんだろうか、と全世界が思っている。これが、グローバルカンパニーにいると見えてくる、日本のリアリティなんです。

世界が日本に五〇億投資するより、インドと中国に二五億ずつ投資したほうがいい、という結論を導くのは当然でしょう。なぜなら、投資しても利益が上がらないと思えるから。それでも、どうすれば日本に投資してもらうことができるのか。そこに挑むのが、僕の仕事でもあるんですけどね。

こんなふうに世界は日本に対して見ているのだ、ということを、もっともっと多くの日本のビジネスパーソンたちが理解しないといけないと思っています。ではどうするのか、という次の一手を打たないといけない。何も無策のまま行けば、極めて危機的状況を迎えます。この状況を本当に理解して、国や企業を変えよう、救済しよう、と誰がしているでしょうか。これは、世界を知ると見えてくる危機感なんです。

その意味では、英語ができる人が増えることは、とても重要なことだと思います。世界の声が聞こえてくる場に出られるようになるから。日本がどう思われているのか、肌で感じることができるようになる。これは、日本に間違いなくプラスになります。

HPといえば、大きなM&Aを繰り返してきたことでも知られています。しかし、なぜM&Aをするのか、きちんとゴールがあるんですね。それは、単純に自分たちがこういうビジネスモデルをやりたい、ということではなく、お客さまが望んでいる姿は何か、という見地からM&Aを決めているということです。ただ、ビジネスのゲームだけでやっているのではなく、HP Wayという企業理念に基づいてやっているんです。市場の要求であったり、カスタマーの期待にどう応えるか、という強い意識で経営をしていることは、HPのバリューだと思っています。

そもそも目標やゴールがないときは結果は出ない、と僕は考えています。国も、企業も、個人も。高い目標設定、ゴール設定がきちんとできているか。何のためにそれをやるのか、という明確な指針があるか。それこそが今、世界から問われている気がします。

日本ヒューレット・パッカード株式会社

1939年、スタンフォード大学の同級生だったビル・ヒューレットとデイブ・パッカードが設立。最初の製品は電子計測機器だった。現在はさまざまなIT製品を扱い、世界で約30万人が働く。日本では1963年、横河電機との合弁で横河・ヒューレット・パッカード創立。コンピュータ分野、プリンター分野などに参入。95年、日本ヒューレット・パッカードに社名変更。2002年、コンパックコンピュータと合併。全国24ヵ所に拠点を持ち、従業員数は5300名（2010年）。

Hiroko Koide

PARFUMS CHRISTIAN DIOR JAPON K.K.

パルファン・クリスチャン・ディオール・ジャポン株式会社 代表取締役社長

小出寛子

Hiroko Koide

福岡県生まれ。1980年、東京大学文学部卒業後、音楽之友社入社。ボストン大学大学院で広告、マーケティングを専攻、修士課程修了。86年、J.ウォルター・トンプソン・ジャパン入社。93年、ユニリーバ・ジャパン入社。幅広くブランドマネジメントに従事。2001年、取締役粧業品マーケティング本部長。06年、マース・ジャパン・リミテッド入社。COO／営業・マーケティング統括本部長、アジア地区ブランド・ディレクターなどを歴任。2011年より現職。

グローバルな会議で「まあ、いいか」なんて思ったら、最後まで話せません

例えば、これは私を含めて、ですが、多くの日本人が外国人の中での会議を苦手としているのではないかと思うんです。一対一のコミュニケーションだったり、一人で勝手に話していればいい、という英語であれば、ある程度、勉強すればできるようになります。ところが、複数の外国人がいて、英語で何らかの議論をする、あるいはそこに自分がジャンプインするというのは、簡単にできるものではないんです。

この話題だったら、私はこんなことを言おうと構えた瞬間、隣の人がさっと話を始めてしまったり（笑）。そうこうしているうちに話題が別のところに行ってしまって、言いたかったのに言えなかった、なんてことがよく起こります。まず、出席者のほとんどが外国人という会議ではスピードも速い。誰もがしゃべろうとしますから、他の人がしゃべるのを待ってくれたりはまずしません。日本人はおとなしいから、なんて気遣いももちろんないですね。アジアの人も、中国しかりインドしかりアグレッシブな人が多いですから。

私はそんなときには、開き直って手を挙げてしまったりします。日本語で言えば、「す

いませーん、ちょっと発言したいんですけど」みたいに（笑）。それくらいやらないと本当に発言できないことも多いんです。でも、言わないよりもはるかにこのほうがいい。実際、ちゃんと聞いてもらえたりします。

また会議をファシリテートしている人や、最もポジションの高い人のそばに座ったりすることも多かった。学校の授業でも、先生のそばに座ると「先生！」と声をかけやすいじゃないですか（笑）。それこそ一番後ろにいたら、相当怒鳴らないと聞こえないですからね。だから、席も重要なんです。聞いてくれる人のそばに行って、アイコンタクトを送ってみる。そういう工夫をしないといけません。割り込む気力と技術。日本人は得意ではないかもしれませんが、実はものすごく重要です。「まあ、いいか」なんて思っていたら、グローバルな議論の場では間違いなく最後まで話す機会はやってきません。しかも会議で黙っているのは最悪、というのが世界の文化ですから。

フレグランス、メイクアップ、スキンケア商品を中心に一三〇店舗、五六〇人の従業員を擁して全国に展開する、パルファン・クリスチャン・ディオール・ジャポン株式会社。二〇一一年から代表を務めているのが、小出氏だ。東京大学を卒業後、出版社に勤務、アメリカ留学を経て、J・ウォルター・トンプソン・ジャパンへ。その後、ユニリーバ・ジャパンに転じて役員にまで上り詰め、マース・ジャパン・リミテッドを経て、現職。意外

なことに、大学卒業時には思いも寄らなかったキャリアだったという。

私が大学時代を過ごした頃は、今と違って四年制大学卒の女性の就職は非常に機会が限られていたんです。一般企業ではほとんど採用はありませんでした。官僚になるか、大学の先生になるか、弁護士や医者か。あとは放送局や新聞社などのマスコミくらい。

大学に入るまで私はピアノをやっていて、音楽は好きだったんですね。大学ではオーケストラでビオラを弾いていました。加えて文章を書くのが好きだったので、漠然と出版関係という気持ちがあって、最終的には趣味の音楽に近いところで音楽之友社という出版社に入りました。最初はPR誌、それから『ステレオ』という月刊誌で編集を担当していたんです。ところが四年目に三つの転機が一度にやってきてしまいまして。結婚して、主人と一緒にアメリカに行くことになって、仕事を辞めることになってしまったんです。

当時は本当に仕事がない時代ですから、悩みましてね。もう仕事に就くことができなくなるんじゃないかと。でも、一度退職した会社に戻るなんてことはとてもできない時代。ただ、だからといって、日本はもちろん、アメリカで専業主婦というのも嫌だなと思って。知らない土地で自分の所属する場所がないというのは、すごく恐怖だったんです。

それで、どうせ行くなら、英語も含めて何か勉強できるチャンスにしてしまおう、と大学院に入ることにしました。はっきりビジョンがあったわけではありません。アメリカで勉強してくれれば、日本でマスコミの仕事に戻るチャンスがあるかも、くらいの気持ちで。ただ、その程度の気持ちでは甘かったことに、向こうに行ってから気づくんですけどね。

英語力より聞き直り。恥ずかしさを捨てることで転機が訪れました

受験で英語は勉強していましたし、大学時代に授業で生の英語に触れる機会も少しはありました。大学院の試験にも合格できたわけですから、聞いたり話したりにはまったく自信はなかったものの、まあ何とかなるだろうと思っていたんです。でも、英語を使って誰かとコミュニケーションする機会は、本当の意味では経験がなかったんですよね。それでいきなり衝撃を受けたのは、入国審査でした。担当官に何を言われているか、まったくわからなかった。大丈夫なのか、と不安になりました。

実際、大学院の授業が始まったら、やっぱりまったく話が聞き取れない。授業で先生が何を言っているのか、さっぱりわからないわけです。仕方がないので、テープレコーダーに録音して、後で聞き直すんですが、とんでもなく時間がかかるわけですね。一つの授業の復習だけで丸一日が終わってしまう。こんなことは、とても続けられません。それでア

メリカ人の勉強ができそうな子を見つけて、ノートを借りてみることにしました。すると、私が書き取ったことと全然違うことが書いてあったりする（笑）。これがまたショックで。

実は当初、ジャーナリズムのコースに入ろうと思っていました。でも、本当に特派員を育成するようなコースで。ちょっと私には無理だ、と思って広告マーケティングコースに変更したんですが、これが意外にも面白かった。ケーススタディや製作の授業が多くて、本当にクライアントが来たりする。例えば、ボストンにある革の老舗メーカーが、戦略を立ててください、とブリーフィングをしに来たり。調査やメディア、キャンペーンなど、企画からクリエイティブまで作って、実際にプレゼンテーションしたりもしました。

でも、こういう授業になると六、七人のグループ作業ですから、これがまたやっかいなんです。うまく発言ができないので、本当はやりたい役割ももらえない。ただ、おかげでチーム内で友だちができて、実際の英語をずいぶん学ぶことができました。

こんな状態でしたから、最初の半年間は、よく家で泣いていました。もうやっていけない、と。一人だったら精神的に苦しかったと思います。ただ私の場合は、主人が一緒でしたから。あと幸運だったのは、大学のオーケストラに入れたこと。本当に音楽は偉大だと思いました。言葉なんか不要で、やり方は万国共通。ここでもまた、親しい友人ができて。

英語はうまくなっていったというより、少なくとも開き直りはできるようになった、という感じでしたね。できる範囲でやっていくしかない、と。わからなければ何度も聞くなど、恥ずかしさを捨てて開き直れたのは、半年くらい経ってからでした。これが大きかった。ひとつの転機になりましたね。

あと、印象深かったことがあります。大学では留学生へのサポート体制がとても充実していましたが、教授に相談に行くと意外な言葉を発せられるんです。私は自分がどうすればいいかを教えてもらおうと行くと、「それで、あなたはどうしたいの」という言葉が必ず返ってくる。後から思えば、これがグローバルのマインドセットでした。答えは自分で出すべきものなんです。人に決めてもらうものではない、ということです。

偶然にもコースを広告マーケティングに変更したことが、後のキャリアのきっかけとなった。大学の就職支援プログラムもあり、日本で苦戦を予想していた就職を、なんとアメリカでほぼ決めることができた。それが、広告会社のJ・ウォルター・トンプソンだった。

アメリカに行ったときは出版社しか頭になかったんですが、マーケティングや広告を勉強して、こういう面白い仕事があるんだ、と初めて知ったんですね。学んだことに近い仕事ができる広告代理店が魅力に見えて、ニューヨークのJ・ウォルター・トンプソンに面接に行きました。すると、日本の社長にも連絡しておくから会いに行きなさい、と言われて。それで帰国後、すんなり決まってしまったんです。

アメリカに二年いて、英語はほとんどできなかったところから、少ししゃべれるようになっていました。ところが入社して、営業担当としてクライアントと仕事が始まると、いきなり出端をくじかれるんです。あ、これは全然ダメだ、と思いました。ビジネスで使う英語というものは、まったく違うものだと気づかされました。

一つひとつの単語は知っているんです。だから、それを使ってプレゼンテーションはできる。でも、ただ説明するだけでは、プレゼンテーションにならないんですね。当時、担当していたのが、ダイヤモンドのデビアス。広告キャンペーンを作って提案しても、まったくクライアントを説得できない。ところが、同じ企画を上司が提案すると、あっさり説得されてしまう。この違いは何なのか、と思いました。私はいくら準備をして説明してもダメなんです。要するに、英語がしゃべれることとは別のスキルが、ビジネスで英語を使って説得するには必要だということがわかっていったんですね。

例えば、日本の感性と、当時デビアスの本拠があったイギリスの感性はまったく違っていました。でも、その違いを理解して、その上でロジックを組んでコミュニケーションする術を、その頃の私は持っていなかった。イギリス人のクライアントに対して、日本人の感覚をグイグイ押しつけてしまったんです。日本人同士であれば、お互いの感覚は、言わなくてもわかります。だから、その確認を飛ばしてしまっていい。でも、外国人相手にはそうはいきません。日本人には説明しなくてもいい、前提となる感覚や常識から、しっかり説明して納得してもらわないといけなかったということです。

ちょうどこの頃、「婚約指輪は給料三ヵ月分」というコピーで話題になっていた婚約指輪キャンペーンを担当しました。プロポーズの言葉も、日本ではちょっと照れや恥ずかしさがあって、あまりダイレクトでない表現を使うほうが共感してもらえる。でも、イギリスの感覚からすると違う。愛しているんだから、もっと声高にアピールすべきだ、となる。

これは、英語ができればわかる話ではないわけですね。大事なことは、お互いをきちんと理解するために、時間をかけて人間関係を、さらには信頼関係を作ること。その大事さが、次第にわかっていきました。そうすると、仕事も大きく変わっていくんです。

産休を取って復帰すると、上司が言いました。毎日六時に帰っていい。僕が保障するから

七年間、在籍しましたが、とてもよくしていただきました。何よりもありがたかったのは、途中で産休と育児サポートをいただいたことです。当時はまだ育児休暇という制度がない時代でしたが、サポート体制をすぐに作ってもらえて。しかも、産後五ヵ月で「どうしても君に任せたいポジションがある」と請われて復帰したこともあって、ベビーシッタ

世界と日本は一見違うように見えて
よくよく理解すると
けっこう共通なことが多いのです

ーに預ける費用の補助や、必ず六時で帰社することも認めてもらえました。たとえクライアントと大事な会議があっても、六時になったら帰ってもいい。僕が全部責任を取るから、と上司は言いました。クライアントとの会議中、本当に「小出さん、六時だから」と帰してもらったことが何度もありました。これはありがたかった。だから、仕事はずっと続けられるんだな、という意識がこの頃に芽生えました。

　デビアスは三年ほど担当していました。給料三ヵ月分のダイヤモンド、がひとつの習慣として定着できたので、次は一〇年目にダイヤモンドを妻に送る、というスイートテンダイヤモンドのキャンペーンをスタートさせることになりました。社会にダイヤモンドを通して新しい習慣を根付かせるのは面白い仕事でしたが、広告キャンペーンの結果がすぐに売り上げに出るカテゴリーをやってみたい気持ちが強くなっていって。それで異動を希望して、担当させてもらったのが、ユニリーバ・ジャパン（当時 日本リーバ）でした。

　担当は、四年に及びました。パートナーシップをがっちり組んで一体感を持って仕事をすることができた。そんなあるとき、思わぬ言葉をいただくことになったんです。

**　ユニリーバ・ジャパンへの転身は、クライアントからのお誘いだった。担当していたブランド『ラックス・ヘア』のブランドマネージャーが昇進、自分のポジションが空くので、それをやってみないか、というもの。まだ子どもが一歳半で不安はあったものの、ほとん**

ど毎日、一緒に仕事をしているブランドだから、会社が変わっても大丈夫だろう、と、このチャレンジを小出氏は受けた。そしてブランドマネージャーとして、まだ小さかったこのブランドを後にシェア一位へと躍進させることになる。

スタッフの方もよく知っていましたし、何とかやっていけると思ったんですが、広告代理店から見えていたのは、仕事のほんの一部だったことを入社してから思い知りました。ブランドマネージャーの仕事は、思っていたものとはかなり違ったんです。とりわけ製造やサプライにからむ部分は、ほとんど経験がないことに気がつきました。今後の需要を予測して、どこで何トン生産するか計画を立てよ、みたいな話がすぐにくるわけです。

その上、びっくりするようなことが起きてしまって。私を誘ってくださった方や同僚が、四ヵ月ほどでたて続けに退職されてしまったんです。チームからごっそり人が抜けて。でも、これは幸運でもありました。全社でこれは大問題だということで、「ラックスを救え」という空気が広がっていくんです。クロスファンクションで会社にプロジェクトチームが立ち上がって、どうやってこの危機を乗り越えるか、サポート体制まで作られて。

しかも、あまりにも非常事態だったので、よく仕事がわからない私が多少の失敗をしても許してもらえて。怒られるどころか、励まされ、たくさんのことを教えてもらいました。一年ほどで、私自身、一気に成長することができたんです。

もうひとつ幸運だったのは、『ラックス』がまだヘアケア市場では出て間もない新しいブランドだったことでした。おかげでいろんなチャレンジができた。当時、注目していたのは、ダメージケアの市場がどんどん大きくなっていたこと。ここにフォーカスして攻めていこう、と考えました。ただ、表面的に新しいことをいくらやっていても長続きはしません。そこで、例えばイギリス本社の研究開発部門を巻き込んで、プロジェクトを立ち上げたりしました。すぐに結果が出なくてもいい、二年後、三年後にこういう髪のダメージを直すようなテクノロジーが欲しい、と中長期目標を掲げて技術開発を進めてもらって。これが、後に大きく花開くことになります。

競合ももちろんありましたが、アプローチがまったく違いました。『ラックス』の場合は、テクノロジーを背景にしながらも、世界のスターが使ってお薦めする、うっとりするほどゴージャスなヘアケア、というコンセプトにこだわりました。あとは、機能だけではなく香りやパッケージにもこだわった。エモーショナルなブランドとして、広告に出ていただく女優選びから、細かな言葉の表現まで気を遣いました。あくまで『ラックス』のスタイルを貫いたんです。『ラックス』が成長した後は、他ブランドも担当して、後にヘアケアすべてを担当し、さらにスキンケアなどのカテゴリーも任されていくことになります。大事なことは、このブランドはなんぞや、というところなんです。ブランドポジショニング、これをもう一度、明確にし、ターゲットをはっきりさせる。

そのためには今、何が足りていないのかという現状の分析と、すべてのアクションでブランドらしさを体現させる取り組みが必要になります。やってはいけないのは、とにかく売り上げを作ろうとブランドのポジションに合わないことまでやってしまうこと。そのブランドらしくない製品を出したりプロモーションをしてしまったり。これがブランドの一貫性を壊してしまうんです。目先の売り上げにこだわることで、ブランドイメージがぼやけていってしまう。これでは結果は出ません。また、価格戦略も要注意でした。価格プロモーションで安くして売るのは短期的に売り上げを伸ばす方法ですが、やがてブランド価値そのものがだんだんむしばまれて、あるときからいくら安くしても売れなくなるときが来るんです。これは、私自身も失敗経験を積みました。

英語国民はストレート、嫌なものはノーと言う、というイメージは間違っています

まさにグローバルなブランドに携わって、グローバルビジネスを経験しましたから、そのスケールの大きさには圧倒されました。本社や主要戦略国が参画しながら大きな方針や戦略を立てていくのは、ダイナミックでしたね。しかも多くの場合、日本は戦略重要国に

なっている。グローバル会議に参加してひとつの戦略を作って、それに基づいて製品や処方、パッケージ、広告などを一緒に開発していくことも多かった。

もちろん日本の事情を世界に伝えることも大事です。それには、しつこく説明するしかありません。でも、実は世界と日本は一見、違うように見えて、よくよく理解すると、けっこう共通なことが多かったりするんです。例えば、消費者のインサイト。もちろん文化が違うのでまったく同じとは言いませんが、インサイトは消費者の心の奥底にあるものです。これは意外に同じなんですよ。それが表に出てくるときに、多少表現が違ったり、伝え方が違ったりするだけだと思うんです。グローバルでコンシューマーリサーチをしたりもしましたが、強弱はあっても、実は世界はよく似ていると思いました。

だからこそ、グローバル企業は強いと思うんです。似たようなところに行く着くのであれば、他の国にある斬新なアイディアを持ってきて、多少の手直しはするにしても、同じものが使えるわけですね。そうすると、アイディアの種は、まさに世界中にあることになります。私自身も一時は、日本だけは別だから、と思った時期もあるんですが、ある時期から、このグローバルの力とスケールは活用したほうがいい、せっかくグローバル企業なんだから、と思うようになりました。アイディアの出し方が日本とは全然違うので、逆に面白いとも感じました。突飛に見えて、意外にフィットするアイディアだったり。

だからこそ、やっぱりここでも人間関係を作ることが大事なんだと思いました。いろいろな国の人と、たくさん話せばお互いがより理解できる。飲みに行ったら、また理解が深まる。いろんな話が通じるようになる。これは世界のどこに行っても同じなんです。

そしてちゃんと気を遣うこと。相手の状況を理解した上で発言すること。社内でも社外でも、です。そうしないと、ただ主張したところで通りません。引くところは引きながら。これは日本国内のコミュニケーションと同じなんです。どうすれば、ウィン－ウィンになるかを考え、お互いを理解し、お互いに、いい道を建設的に作り上げていく。

最初に英語を習い始めた頃は、アメリカ人＝英語国民＝ストレートにコミュニケーションして嫌なものはノーと言う、みたいな思い込みがありました。でも、実はまったく違いました。みんなすごく気を遣って、表現を駆使してコミュニケーションしているんです。相手の意見を一度は受け入れて、でも見方を変えるとこうも言えないかな、みたいな表現をしたり、目上の人に対しては自分に対する英語表現とは違う表現で話していたり。

ネイティブではない私には、なかなか真似はできないですが、注意して聞いてみると本当に勉強になります。少なくとも、英語＝ストレート、ということだけは絶対に間違っていることはわかりましたね。

二〇〇六年にユニリーバ・ジャパンの役員を退任。マース・ジャパン・リミテッドでペットケア、チョコレートビジネスにＣＯＯ／営業・マーケティング統括本部長などとして

関わる。そして一一年、パルファン・クリスチャン・ディオール・ジャポンに転じた。

外資系でキャリアを積み重ねてきて良かったことのひとつに、実はトレーニング体制の充実があります。英語もそのひとつです。仕事で英語を使うというのは、単にしゃべるだけではない、ということをグローバル企業はよくわかっているんですね。例えば、会議を主宰する。英語で会議をチェアするのは、また別のスキルなんです。人を招集し、目的を明示し、議論をして、何らかの結論を出して、次に進む。でも、会議の進行は日本語でも難しいでしょう。そこに一〇ヵ国の人が来たりすると、これはもう大変です。でも、こういうスキルを伸ばすためのトレーニングもしっかりありました。

プレゼンテーションも、録画して何度も見て修正をしたり。これは本音で言うと自分では見るのも嫌なんですが、やっぱり役に立つわけです。他にもリーダーシップやクリエイティブ・シンキングなど、単純に英語力だけではない、そういうトレーニングを海外でたくさん受けさせてもらえたのは、本当にラッキーだったと思います。

外資で良かったことはもうひとつ、いい仕事がしたいと思って結果を積み重ねていったら、ポジションがちゃんとついてきた、ということです。最初から強い上昇志向があったわけではありません。でも、「これができた」となったら、素直に「良かったな」と褒めてもらえて、認めてもらえて。その繰り返しでここまで来ることができたと思っています。

ユニリーバでも役員になったのは女性で初めてでした。でも、女性だから、と困ったことはなかったですね。むしろ逆に女性で目立って、得をしたことのほうが多いような気がします。覚えてもらいやすいとか、まわりと違う意見が言えるとか。ただ、一歩日本を出てみると、女性のエグゼクティブはたくさんいます。しかも、家庭としっかり両立させている。日本だと家庭と仕事の両立はものすごく大変な気がして身構えてしまうんですが、すごくさりげなくみんな、うまく両立させていますね。

私がアドバイスをもらったのは、アウトソーシングしなさい、ということでした。家事など、外の人に頼めるものはどんどん頼む。そうやって自分の時間を作る。買い物や食事を作る時間より、家族と過ごす時間を大事にする。これでずいぶん楽になりました。

もうひとつ、海外では男性の発想が柔軟なんですよね。奥さんの転勤に男性が会社を辞めてついていく、というのもよくあることです。これはチャンスだ、とばかりに新天地を求めて転職したり、留学したり。私もずいぶん主人にはサポートをもらい、助けられました。男性の意識の変化も、日本ではこれから求められてくるのかもしれませんね。

パルファン・クリスチャン・ディオール・ジャポンの社長職は、本当にいいタイミングでご縁をいただいたんです。やっぱり私はビューティ系の仕事がしたかったんだ、と改めて思ったりもして（笑）。社長職への心配はありましたよ。何か新しいところに行くときには、それなりの不安は絶対にありますが、今回はむしろうれしい気持ちのほうが大きかった。もともとディオールの香りやメイク製品が個人的にも大好きで、『ラックス』のインスピレーションにもなっていたくらいでしたし。素晴らしいブランドなので、このブランドの価値や伝統を、もっと多くの人に気づいてもらえたら、と思っています。

まずは現場に立ってみないと、と今は全国の売り場を回っているところです。半日、お店に立たせてもらったりもして。マスマーケットのビジネスと決定的に違うのは、自分の売り場でブランド表現を作れること。そして、ビューティカウンセラー（BC）がお客さまと直接お話をしてブランドや製品を体験していただけること。さらには、お客さま一人ひとりのお顔が見えるビジネスであることです。

改めて感じているのは、ビジネスってやっぱり人なんだな、という思いです。同じ口紅でも、どういうBCがどんなふうに話をして販売するかで、驚くほど結果が変わる。だから、人の育成が極めて大切だと思っています。ただ、最後は一人ひとりの個性が大切になる。そこから一人ひとり違った能力が出てきますから。同じことを学んだとしても、違う個性でとらえてくれる。それがまた、面白いところで。これからを楽しみにしています。

すらすらと英語を話せる人はたくさんこれから出てくると思います。でも、これからグローバルで勝負するにあたって、何より重要になるのは、実は気力と体力だと思います。もしかすると日本に最も足りないのは、これかもしれない。今のままだと、それこそアジアのパワーに吹き飛ばされてしまう。そんな危機感を持っています。

パルファン・クリスチャン・ディオール・ジャポン株式会社

1950年代に活躍したフランスのファッションデザイナー、クリスチャン・ディオールが創立したファッションブランド「クリスチャン・ディオール」の化粧品・香水部門を担う「パルファン・クリスチャン・ディオール」の日本法人。フランスを本拠地とする複合企業、LVMHグループの一員。日本でも大人気のフレグランス、メイクアップ、スキンケア製品を中心に全国130店舗、400人のビューティーカウンセラーを擁する。従業員数は560名。

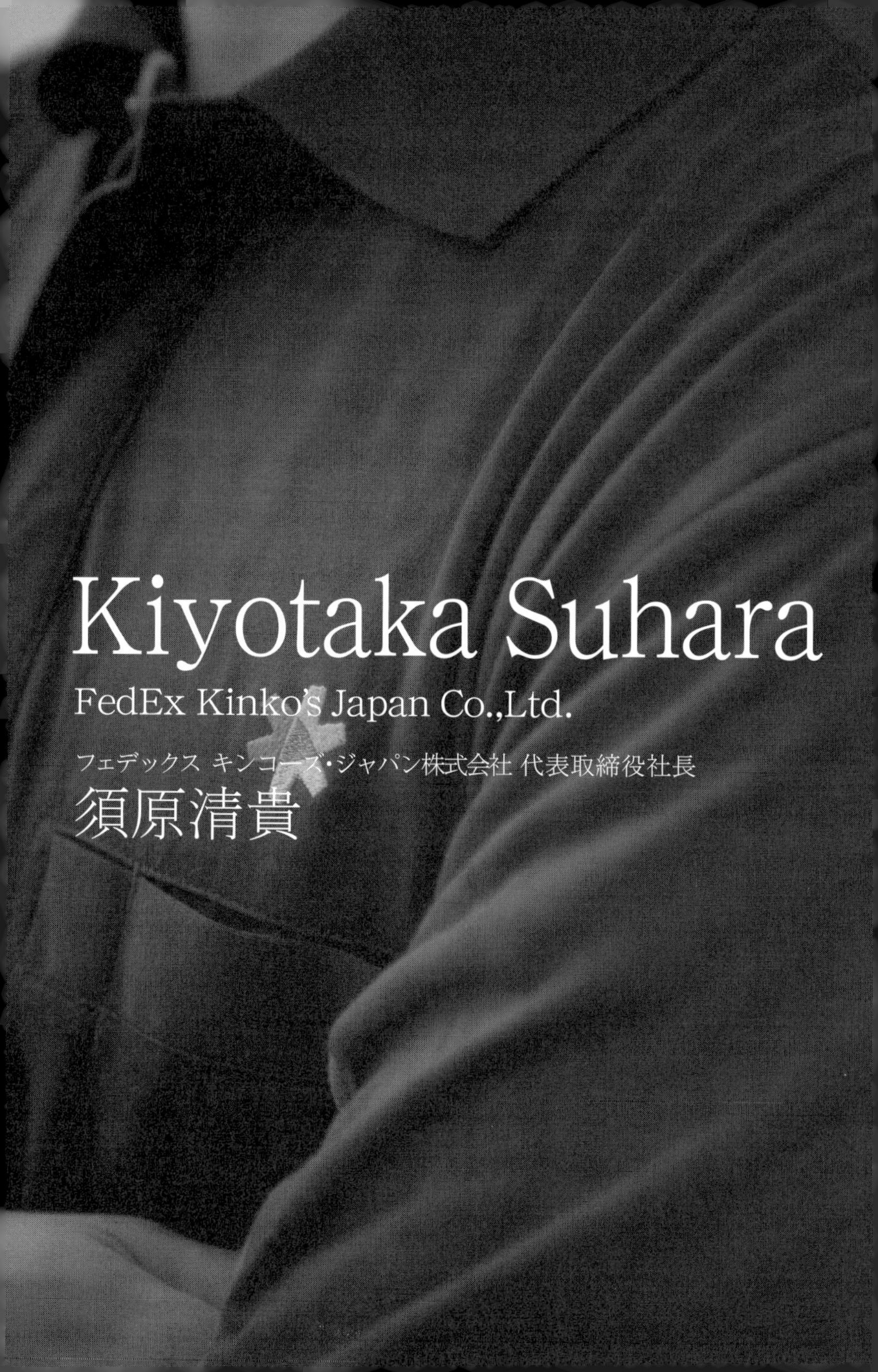

Kiyotaka Suhara

FedEx Kinko's Japan Co.,Ltd.

フェデックス キンコーズ・ジャパン株式会社 代表取締役社長

須原清貴

Kiyotaka Suhara

1966年、岐阜県生まれ。91年、慶應義塾大学法学部卒。住友商事入社。97年まで非鉄金属部門。97年より情報産業部門。2000年、ハーバード大学MBA。01年、ボストン・コンサルティング・グループ入社。03年、CFOカレッジ入社。04年、GABA入社。取締役兼最高財務責任者。05年より取締役副社長兼最高執行責任者。09年、フェデックス キンコーズ・ジャパン代表取締役社長。

デキるな、と思ったアジア人の給料は、僕の五分の一以下。これはヤバイ、と思いました

これはこの先、大変なことになるぞ、と焦り始めたのは、住友商事に入って五年目くらいのとき、今から一五年ほど前でした。当時の僕は亜鉛を中国から買って、アジア各国に売る仕事をしていたんですね。インドネシア、マレーシア、ベトナム…。自分と同い年くらいの人たちが現地のビジネスパートナーだったんですが、僕が驚いたのは、彼らがとんでもなく優秀だったことです。

頭もキレるし、英語も本当にうまい。世界にはすごい連中がいるんだなぁ、と思って仲良くなって、プライベートな話もするようになって、僕は愕然としました。ふとお金の話になって、彼らの年収を聞いてしまったからです。彼らがもらっていたのは、僕の給料の五分の一から一〇分の一程度でした。

僕はすぐに気がつきました。もし僕が経営者の立場なら、どう考えても僕ではなく、彼らを雇うだろう、と。なぜなら僕より圧倒的に安いコストで、ひょっとしたら僕より高いパフォーマンスを出す可能性があるからです。ならば、僕は彼らとどうやって戦っていけ

ばいいのか。これはヤバイ、と思いました。そういう時代が来るのは時間の問題だ、と。

そんなとき、たまたまコロンビア大学にMBA留学する先輩の話を聞く機会があったんです。実はMBAの何たるかすらも、僕は知らなかった。話を聞いた翌日の昼休み、僕はお茶の水にある留学予備校に行って入学金を払っていました。そしてその日から、予備校に通いました。こうだと思ったら、止められないんです、猪突猛進な性格なので（笑）。

でも、一五年前のその行動は間違っていなかったと思っています。日本だけを見ていればいい、という仕事は今、秒刻みに減っています。グローバルじゃない企業はたしかにある。でも、その企業は本当にこれから生き残っていけるかどうか。すべては融合に向かっているんです。グローバルでないビジネスは、もう日本に存在しなくなると思う。考えないといけないのは、一人のビジネスパーソンとして、どうやってグローバルなマーケットで生きていくか、ということです。

英語はそのためのチケットです。十分条件ではないけれど、必要条件ではある。今、日本人で英語を使わなくていいという選択肢はありません。実はもはや完全になくなっているんです。そう言っても過言ではないと僕は思っています。


三兆円以上の売上高を誇るフェデックス・グループで、プリンティングを中心としたサービスを日本で幅広く展開しているのが、フェデックス キンコーズ・ジャパンだ。設立

は一九九一年。個人、法人向けにコピー、製本加工、断裁や折り加工、名刺印刷、封筒や挨拶状の印刷、似顔絵作成や証明写真から紙文書のデータ化まで、豊富なサービスメニューを用意している。二〇〇九年から社長を務める須原氏は、住友商事時代にハーバード大学でMBAを取得、外資の世界に足を踏み入れた。実は大学時代にも留学を経験している。

僕は高校まで柔道をやっていました。小学校のときに通った道場は、故郷の岐阜県から全国大会に出て団体戦で優勝してしまうようなところで、僕はご褒美にアメリカとカナダとハワイに夏休みを使って遠征に行かせてもらったことがあったんです。たくさんの刺激をもらいましたが、小学生だった僕にとって何よりの衝撃は、日本で一〇〇円だった缶のコカ・コーラが、アメリカでは三〇円ほどだったこと。この国は、とてつもなくすごいと子ども心に思いましてね（笑）。何が日本と違うのか知りたい、いつかちゃんと来てみたいと、小学校の文集に、すでに外国に留学すると書いていたんです。

僕の父は故郷で繊維工場を経営していました。僕はいずれ工場を継ぐことになっていて、それもあったんでしょう。卒業年次が遅れることになる留学を許してくれたんです。うまいこと地元のロータリークラブからの奨学金ももらえて。ただ、繊維工場は中国との競争もあって、後に清算してしまうことになるんですけどね。

英語は得意科目でした。でも、岐阜の山猿育ちですから、コミュニケーションなんてしたことがない。アメリカに行って初めて、何もできないことに気がつきました。学部の授業が始まると、全然英語がわからない。隣に座った学生に頼み込んで、ノートを僕の側に少しずらしてもらって、それを写すのに必死の毎日。そのノートを持って、先生に「どこが大切なのか教えてくれ」と聞きに行くんです。それで図書館に行って調べ直してようやく理解する。わからないと先生にまた聞きに行く。その繰り返しの日々でした。

失敗した。もう帰りたい。そう何度も思いました。でも、日本の大学は休学の手続きを取っていますし、親父には啖呵を切ってお金を出させてしまったし、帰る場所なんてない。仕方がないからやるしかない。おかげで実体験をすることになるんですね、英語力の飛躍的アップの。これは語学に限らず、仕事でもスポーツでもそうなんですが、右肩上がりに力が上がっていくわけではないんです。ある日、突然ポーンと飛躍する。僕にもそれが来たんです。六カ月後に。

気づいたのは、仲間とバーで飲んでいるとき。後ろにいた知らないアメリカ人が話している会話を理解できた自分がいたことでした。ああ、オレはもう英語を日本語に訳してない、と思いました。時間はかかりました。でも、ちゃんとこういう瞬間は来るんだ、とわかりましたね。

留学レベルの英語はビジネスでは通用しないと痛感させられました

住友商事では、実は花形部門で仕事をさせてもらっていたんです。僕自身はまったく意識していなかったんですが。二五歳でニューヨーク支店に出させてもらったのも、異例の駐在でした。大手総合商社の中で最年少の駐在員でしたから。どうしてそんなことになったのか。思い当たることがありました。

入社二年目でニューヨークに研修に行きました。部長と課長を交えて夜、飲みに行ったんですが、ちょっとややこしい部長の希望を、僕は店のアメリカ人マネージャーと交渉して実現させてしまったんです。もともと鼻っ柱が強くて、自信過剰で、できないことがあまり好きじゃないのが僕でした。ただ、異国の地で、しかも行ったことのない店で、気むずかしそうな人を相手に難しい交渉をまとめたことで、僕は上司の目に留まったんでしょう。ニューヨーク駐在が決まったのは、その二週間後でした。びっくりしました。

でも、ニューヨークでの仕事は甘くなかった。まず英語がまったく通用しませんでした。僕は、アメリカ人三〇人ほどが地場のディーラーたちと直トレードする現場に放り込まれました。そんな中で、ビジネス英語についていけないのでは話になりません。大学の留学で得た英語力なんて、その程度なんです。しかも本場のビジネスでは、エンターテインメントが求められることも知りました。ウィットであったり、ジョークだったり。とりわけ当時の上司が大阪出身で、特に接待では一時間に一回は笑いを取れないと本当に怒られました（笑）。仕事でミスするよりも、そのほうが怒られるんですよ。

英語で笑わせないといけないわけですから、これはもう必死で勉強するしかない。新聞も徹底して読みましたし、雑誌も読みました。そうするしかなかった。大学時代の留学もそうですが、僕の英語力は基本的にサバイバルイングリッシュなんです。英語を使えないと生き残れない状況で無理矢理に英語を使って、結果的に身についたんですよね。逆に言えば、そういう状況になれば、何とかなってしまうということです。

そして僕はこの後、業績不振で三〇人ほどのアメリカ人社員のほとんどをリストラする役割を命じられることになります。このときの苦しみは半端ではなかった。会議室に呼んで、通告するのも僕。後処理をするのも僕。二年間で二回、胃潰瘍で入院しました。

こんなことはもう絶対にしたくない、しちゃいけない、と思いました。このときの恐怖は身にしみました。企業というのは成長しないといけないんです。長期の利益を出すためにも、絶対に短期の利益を出さなきゃいけない。長期のために短期を犠牲にする、なんて甘っちょろい考えではいけないんです。利益を出し続けないといけない。そうしないと、仲間の雇用を守れないから。

入社八年目でMBAを取得した須原氏は、ボストン・コンサルティング・グループ（BCG）に転じる。さらに三年後、CFOカレッジの創業に加わった後、請われて日本の英会話スクールのGABAに入社。同社の上場をサポートし、副社長を含め取締役を五年務めた。

MBAの予備校に通って翌年、ウォートンスクールに合格しました。仕事の兼ね合いでこの年は留学できず、翌年にハーバードから合格通知が来ました。でも、合格通知がもらえなかった大学もあります。ハーバードは多様性を求めるんですね。別の言い方をすれば、変わり者を好む（笑）。大学の成績は散々でしたが、変わっている、という尺度では僕には自信がありました。

ただ、卒業して何が変わったかな、と聞かれると、多くはないかもしれません。授業がハードじゃなかった、といえばウソになりますが、それまで修羅場を何度もくぐっていましたし。英語にしても、ビジネススクールでは基本的には必要なときにしかしゃべる必要はないわけです。授業で学んだことで卒業後も使えたのは、ファイナンスとアカウンティングだけですね。この二つには普遍性があるから。それ以外は授業は面白かったけど、仕事を通して学ぶことのほうが、はるかに重要だと思いました。

大きかったのは、友だちです。優秀で、尖っていて、楽しい友だちが増えた。これは財産になりました。世界中、どこに行っても、どんな業界でも、どんなタイトルでも友だちがいる。卒業生の絆は、かなり強いです。それから、やっぱり自信は得られたと思う。どこでもやっていけるんじゃないか、という。実際、たくさんの会社がリクルートに来ますし。だから、転職は自然な流れでした。

ただ、留学のきっかけになった、アジアの優秀な連中に伍していけるだけの自信があったか、といえば、ありませんでした。ハーバードには、あのときに会ったビジネスパートナー以上のピカピカの人材がたくさんアジアから来ていたからです。むしろ、このままではヤバイ、という気持ちはハーバードで高まることになりました。

特に印象に残ったのが韓国でした。当時から韓国出身者は極めて優秀で目立っていました。今、韓国企業が花開いているのは当然だと思います。日本は相当、頑張らないといけないな、という印象を当時から持っていましたが、日本は変われなかった。それが今の状況に現れています。

戦略はちっとも一流なんかじゃなかった。
でも、売り上げが伸び、利益が出た。
会社は一気に黒字化しました

英語に耳を慣らせばいい、はウソ。語彙力がなければ、どんなに聞いても力にはならない

ＢＣＧに入社はしたものの、コンサルティング業界は、実のところまったく自分に向いていないことがすぐに判明しました。失敗した、と正直思いました。そもそもコンサルタントがとても大切にしている価値について、事業会社にいた自分には受け入れにくかったことが大きかった。これは決定的に向いていないんだと思いました。

そんな調子で仕事がうまくいくはずもありません。実際、あるプロジェクトで大失敗をして、クライアントに大きな迷惑をかけたことがありました。心が折れて、不眠症になりました。六ヵ月間、睡眠薬なしでは眠れなかった。自分の限界を、身をもって思い知らされたのが、ＢＣＧ時代でした。

ただ、たくさんのことが学べたのも事実でした。百点満点で合格点が七〇点だとすると、僕は〇点が三〇点になったんだと思っています。でも、〇点よりは三〇点のほうが絶対にいいに決まっている。合格点には届かなかったけど、〇点の僕を三〇点まで我慢して引き上げてくれたＢＣＧには本当に感謝しています。事実、経営に携わるようになってから、

「あれはそういうことだったのか」と膝を打ったことが何度もありましたから。

本格的にマネジメントのポジションに就いたのは、GABAからです。当時の社長に声をかけてもらって。ここで、日本人と英語力についてたくさん学ぶことになりました。英語学習における、大いなる誤解についても、です。

例えば、聞く力を伸ばすためには、英語をたくさん聞いて、耳を慣らすべきだとよく言われます。しかし、これはウソです。どんなに耳を慣らしたところで、単語を知らなければ意味がないんです。勉強したことのない言語、例えば僕ならロシア語について、何百時間聞いたところで理解はできません。それと同じです。

言語コミュニケーションの基本は語彙力にあるんです。語彙力を強化することこそ、英語には必要。しかもそれは、聞く、話す、書く、読む、すべてに効果があります。語彙力が、もうほとんどすべてだと言っても過言ではないと僕は思っています。語彙力がなければ、実は何もできない。逆に、語彙力があれば、あとは単語を並べていけばいい。高度な文法なんて使うことはほとんどないんですから。

お勧めの勉強法は単純です。語彙力を増やすエクササイズを、毎日やることです。土曜日も日曜日も休みなしにやる。一〇分でも一五分でもいいんです。毎日やることが何より大事。なぜならすぐに忘れてしまうから。感覚が鈍ってしまうから。だから自分が継続できる、やりやすいものを選ぶのがいいと思います。高校時代に使った受験単語の参考書で

and Park Services

もいい。ただし、聞き流しがダメなように、読み流しをしてはダメなんですね。

その点、英字新聞の通読にはひとつ落とし穴があります。雰囲気でイメージがつかめてしまう単語がけっこうあるからです。文脈でなんとなく、わかってしまう。それを飛ばしてはいけません。電子辞書を片手にちゃんと調べることが大切です。

もうひとつ、英語が話せない日本人に特徴的なのが、心のバリアです。日本人はお行儀がいいので、こうしたほうがいい、と律儀に英語に向かう。そのために、なかなか話ができないんです。僕も住商時代に経験がありますが、自分より英語のうまい日本人社員がいるときに、英語をしゃべるのは嫌なものだったりします。終わった後に英語を直されたりして。でも、実際にはそんなことはどうでも良かったりするのに、です。

実際、アメリカ人の英語って、文法的にメチャクチャだったりするわけです。単語や時制もバラバラ。考えてみれば、僕たち日本人が日本語を使うときもそうなんですよね。正確な文法を意識してしゃべってる人なんていないでしょう。そんなことより重要なことは、自分の言っていることに意味があって、聞いてもらえる価値があるかどうか、です。それさえあれば、どんどん自信を持って発言すればいいんです。向こうに、「こいつの話は聞いたほうがトクだな」と思わせたら勝ちなんです。

ＧＡＢＡでたくさんの生徒さんに話を聞きましたが、上達する人には共通点がありました。それは、使わなければいけない状況がすぐそこにある人、でした。「昨日から上司が外国人になってしまったんです」「会社が買収されてしまいました」…。これは最も切実なパターンでしたが、よくあるケースでした。やっぱりサバイバルイングリッシュには意味がある、ということです。

裏返して言えば、危機感を持って毎日やれば絶対にうまくなると僕は思っています。しょせんは語学なんですから。大したことをやっているわけではない。そして、会話に自信が持てるようになれば、書く練習を始めるべきです。日本人は読むのと書くのは得意で、聞くのと話すのは苦手だと言われますが、これもウソです。聞くのと話すのが苦手なのは本当ですが、実は書くのも苦手なんです。シーンに合わせた適切な英語を書ける日本人は極めて少数です。メールはまだカジュアルですからね。聞くと話すに自信がついたら、書く意識をつけるべきです。

二〇〇八年一二月、須原氏はGABAの役員を退任。数ヵ月後に、フェデックス キンコーズ・ジャパンの社長に就任した。実は外資は希望もしていなかったし、考えていなかったのだという。だが、もらったオファーの中で、最も面白そうな案件を選んだら、たまたま外資だった、と須原氏は言う。

住友商事の時代から、会社で出世したい、という気持ちはあまりなかったですね。それより、自分の納得のいく結果を出したかった。嫌な仕事でも、せっかく自分にやれと言ってもらった仕事なので、その中でちゃんと結果を出して、みんなに認めてもらいたい、という気持ちが強かったです。そういうところでは、負けず嫌いでした。だからだと思いますが、ずっと苦労の連続だったんですよね。ラクをした経験はまったくないです。苦労はあまりにもあり過ぎて、よく思い出せないくらい（笑）。でも、おかげでちょっとずつでも、自分を成長させてくることができたのではないか、と思っています。

ＧＡＢＡでもたくさんの苦しい思い出がありました。でも、役員を退任して、少し時間ができて、改めて自分の中で五年間を振り返ってみると、自分なりに別の思いが出てきました。苦しみは、自分にも責任があったんじゃないか、ということです。現実から逃げようとしていたんじゃないか。何かや誰かのせいにしていたんじゃないか、と。役員を退任して、もう自分を擁護する必要はなくなって、完全に素っ裸な状態になって初めて、見えてきたことがたくさんあったんです。

意思決定を間違えてしまう。これは仕方がないことです。誰でも間違いはある。ただ、与えられている所与の条件を、起きている現実をそのまま素直に受け入れていなかったとしたらどうなるか。景気が悪い、市場が悪い、あれが問題だ、ここに問題がある、と言い訳でシャッターを下ろしてしまっていたとしたらどうか。意思決定をするためには、本当にピュアな目線で見なければいけないのに、です。

そのことに気がついて、はっきりとわかりました。目の前の事象を素直に受け入れる。自分以外はすべてコントロール不可能であると知る。起きていることをすべて事実として認識する。それこそが大事なんだと。事実を受け入れるから、客観的な分析ができて、初めて意味のある仮説が構築できる。自分が影響を及ぼせることにしか、影響を及ぼせないと知るからこそ、自分にとってコントロール可能なことにエネルギーを集中できる。それがGABA時代にはできていなかった。人間としても経営者としても、未熟でした。

だから、フェデックス キンコーズ・ジャパンで社長になって、それを思い切り変えました。実際、僕たちが身を置いている印刷市場は厳しい状況が続いています。社長に就任したときも、環境は本当に厳しい状況でした。リーマンショック後の景気悪化。世の中全体の脱紙傾向。アメリカ本社の強い統制。それこそ文句や愚痴を言い始めたらキリがないほどの逆風だらけ。実際、会社は赤字に陥っていました。

でも、何もかも、すべてを素直に受け入れられる自分がいたんです。自分の力では環境は変えられない。だったら、ありのままで受け入れようと。そうしたら、わかったことがあった。それでも自分がコントロールできることは、山のようにあった、ということです。

お客さまの意見を聞いて、営業を強化しました。市場を分析して、知恵を絞ってコストを削減しました。社員のモチベーションを上げようとするのではなく、下げていたものを見直したら、費用をかけずにモチベーションは上がっていきました。会社って、社員のモチベーションを上げるのは本当にヘタクソなんですが、下げることは天才的にうまいんですよ。だから、それを注意してやめることにした。それだけでした。

戦略はちっとも一流なんかじゃなかった。すごい戦略を作る時間も、お金もありませんでした。でも、それを徹底的に継続したら結果が出た。売り上げが伸び、利益が出た。会社は一気に黒字化しました。世の中が、僕たちに振り向いてくれました。

結局、僕はいつも仲間に恵まれてきたんです。GABAのメンバーは最高でした。本当によく頑張ってくれた。でも、キンコーズのメンバーはもっと最高です。自分で考えられる。自分で行動できる。ウソみたいに頑張る。経営者として僕は運が強い。どんな会社に行っても、部下に恵まれます。だから結果が出せるんだと改めて思いました。

東日本大震災が起きて、僕はひとつだけ社内に伝えました。地震を言い訳にするのだけはやめよう、と。これは僕にとっても厳しい条件でした。なぜなら僕も言い訳にできなくなるから。でも、そうしたら、本当に誰も言い訳にしなくなった。三月、前年対比で九〇%、四月は九五%、五月は一〇〇%でした。これは印刷業界では驚異的なことなんです。七〇%が当たり前の世界ですから。誰一人言い訳にしないで、みんな頑張ってくれた。本当にすごいなぁ、と思いました。与えられた状況の中で、とみんなが考えてくれている。だから今、この会社はものすごく強いですよ。相変わらず環境は厳しいですけどね。

今、一緒に頑張ってくれている八〇〇人の仲間と、それから未来に迎えることになるであろう仲間。みんなにこれからどうやって給料を支払っていくか。そのためにこの日本という市場の中でどういうポジショニングを取って、何をやっていくか。これを考えないといけないのが、日本法人のトップとしての僕のミッションです。

一方で、グローバルのフェデックス・グループの一員として、大きな流れの中のどういう歯車になれるか。所詮は歯車ですから。でも、意味のある歯車になれるかどうかこそ、僕のひとつの思いとしてのミッションです。世界で戦える日本人の人材をどのくらい送り込めるか、ということと合わせて。

日本人として誇りが持てれば異なる価値観に余裕が持てる

グローバルに生きるためのチケットが英語です。しかし、グローバルで生きるためには、むしろ日本を知ることが大切になると僕は思っています。日本のことを自分の頭で理解し、自分の言葉で語れるかどうか。日本の素晴らしさを認識し、日本国民であることに感謝し、それに誇りを持てるかどうか。そうすることで初めて、異なる価値観に対して余裕を持って対峙できます。日本人としてのアイデンティティがないと、異なる価値観に寛容にはなれません。すべてを善悪で分類しようとするからです。自分の価値観をモノサシとして、異なる価値観を測ろうとする。アイデンティティがあれば、異なる価値観を単なる違いとして受け入れることができます。固定概念がモノサシにならなくなる。

例えば、米国流のマニュアルを駆使した中央集権型のトップマネジメントは、現場重視の日本流をモノサシにすれば、極めてひどい制度です。でも、米国型は有事に強いんですね。大きな変革が必要なときにも強い。多様な考え方をひとつの方向に向けるにも適しています。いい面もたくさんあるんです。

これをもっと深掘りしていくと、面白いことが見えてきます。異なる多様な価値観も、突き詰めると共通する本質がある、ということです。結局、人間が最終的に守らなければならないものは何かといえば、それは自分であり、家族なんです。それはどの国に生まれた人でも同じ。違いはあっても、最終的にはどこかに共通項がある。だから、最後はみんながわかり合えるはずなんです。そう信じて、コミュニケーションをする。

そういえば、GABA時代に、日本もここまで来たか、と思った出来事がありました。メガバンクのリテール部門からプレゼンテーションを求められたことです。国内の支店を管轄する部門から、グローバルでなければ生き残れないから人材育成の方針に英語力を加えたい、と。五年前でしたが、まさに今、それは現実のものになろうとしている。まわりはやっぱり変えられないんですね。変えられるのは自分だけなんです。

フェデックス キンコーズ・ジャパン株式会社

1970年、アメリカ・サンタバーバラのカリフォルニア大学の学生街に生まれたコピーショップが発祥。キンコーズとは、創設者の頭がくせ毛なのを見て仲間がつけたあだ名。世界各国に1900店以上ある。日本法人は1991年に設立。92年、名古屋に1号店を開店。以後、東京、大阪、横浜などに店舗を拡大。2004年、キンコーズはフェデックス・グループの傘下に入り、フェデックス キンコーズとなった。11年4月現在で全国に49店舗ある。従業員数は800名。

Tohru Tonoike

Aflac Japan

アフラック(アメリカンファミリー生命保険会社) 日本における代表者・社長

外池 徹

Tohru Tonoike

1950年、大阪府生まれ。73年、一橋大学経済学部卒。第一勧業銀行（現みずほ銀行）入行。82年、カリフォルニア大学バークレー校MBA取得。2001年、執行役員米州営業部長。02年、執行役員米州支配人兼ニューヨーク支店長兼米州営業部長。02年、みずほコーポレート銀行執行役員米州営業第一部長。04年、同常務執行役員。Aflac Incorporated社外取締役。05年、第一勧業アセットマネジメント社長。07年、アフラック副社長を経て、日本における代表者・社長。

聞いたり、しゃべったりより実は読み書きのほうが大変なのが英語

生まれて初めて海外に出たのは、新婚旅行のハワイでした。当時の私は英語がまったく聞けないし、しゃべれませんでしてね。家内の陰に隠れて過ごしていました。おかげで夫婦の力関係が、この時点から決まってしまったんですが（笑）。でも、この数年後に、私はニューヨーク駐在の銀行マンとして、アメリカ各地を回り、地方公共団体の債券を受け入れるための分厚い英文の契約書づくりを仕事にすることになります。

契約書づくりですから、とんでもない緊張感が漂います。まずいと思ったら、まずいと言わないといけないし、その理由も言わないといけない。相手からの質問も来るから聞かざるを得ない。特別に英語を勉強したわけではありませんでした。でも、窮すれば通ず、といいますか、否応なくそういう場に行けば、何とかしないといけなくなるんです。

数年前のハワイを考えれば、長足の進歩でした。でも、実地でやらざるを得ない状況に置かれたら、できるようになるんだと私は思います。そして経験的に学んだのは、聞いたり話したりするよりも、実はむしろ読み書きのほうが大変だということです。

外国に行くと子どもは、子ども同士の会話ならほんの数ヵ月でしゃべれるようになります。でも、数ヵ月で読み書きがちゃんとできるようには絶対にならない。日本語でも同じでしょう。本質的には、読み書きのほうが大変なんです。その意味では、日本人の多くは中学、高校と六年間、英語を学んでいるわけですね。日本の英語教育は読み書き偏重と言われますが、おかげで読み書きの基礎は、外国人としてはそれなりにできているんです。

だから、自信を持っていいと私は思っています。高校卒業程度の英語力をきちんと理解している人は、少なくとも海外に出て、英語で仕事をするためのベースに不足はないということです。行った途端にネイティブと同様に、というわけにはもちろんいきませんが、英語を仕事の道具として使うためのベースには十分なると思います。

一九七四年に日本初のがん保険を発売、がん保険の契約件数で国内トップシェアを誇り、二〇〇九年には個人保険・個人年金保険合計の保有契約件数で生命保険業界第一位となったのが、アフラック（アメリカンファミリー生命保険会社）だ。アヒルのキャラクターのＣＭでおなじみだが、アメリカのジョージア州コロンバスを本拠地に、実はアメリカと日本だけでビジネスを展開している。同社の日本における代表者である外池氏は大学卒業後、第一勧業銀行（現みずほ銀行）に入行、三二年間、国際畑でキャリアを歩んだ人物である。

学生の頃の私は、卒業後にどんな世界に進むか、どんなキャリアを作るか、なんてことを真剣に考えたりしていませんでした。父が会社員でしたから、漠然と会社に入って働くんだろうと思っていました。それで最初に決まったのが、銀行だったんですね。父は商社で苦労したと言っていて、銀行のほうがいいと勧めてくれて。親の言うことなど、それまであまり聞いたことがなかったんですが、ひとつくらい聞いておくか、と思って（笑）。

銀行がどんな仕事をしているか。それも知らなくて、支店は九時に開いて三時に閉まるから、帰りも早いんだろう、くらいに思っていました。大間違いでしたけど（笑）。

五年間は、普通の銀行員でした。支店に配属されて、事務をやり、窓口をやり、外回りをやり。一年間だけ外国営業部で貿易金融の事務をしましたが、また別の支店に異動して。仕事が面白いと思ったわけではありませんでしたけど、仕事がローテートしていろんなことをやりますから、退屈はしませんでした。最初から自分にとって何がいいか、なんてわかりはしないので、いろいろやっているうちに面白いことも見つかってくるだろう、くらいに思っていました。好奇心だけは、しっかりありましたから。

それで五年目、会社から半分、強制的に受けさせられたのが、留学制度の試験だったんです。一応、興味のある人が受けることになっていたんですが、実際にはとにかく受けろ、と。英語は受験で読み書きは勉強していました。でも、オーラルコミュニケーションがまるでダメだったんですね。聞けない、しゃべれない。三〇歳になってまた勉強するという

のも嫌だと思っていて。ところが試験に通ってしまったんです。

正直、ちょっと困ったことになったな、と思いました。でも、思ったんです。アメリカに行ったら、小学生でも英語をしゃべっている。行って数ヵ月もすれば、しゃべれるようになるだろう、と。これも大間違いだったことに、後に気づくんですが。

厚さ三〇センチの契約書類。厳しい仕事で英語力は鍛えられた

留学先はカリフォルニア大学バークレー校でした。当時、勤めていた銀行の支店がロサンゼルスにあって、空港に着いたらまずはそこに挨拶に行くことになっていたんです。それで、タクシーに乗り込んで、「ウィルシャー・ブルバード」と地名を伝えるんですが、怪訝な顔をされて。三回くらい繰り返しても、わからない。しょうがないから、紙に書いて渡したら、「おお、ウィルシャー・ブルバードか」と。私の発音が悪かったんです。

そんな調子ですから、留学先で授業が始まっても話になりませんでした。先生が言っていることが一言もわからない。大変でした。しょうがないから、ひたすらもらった資料を読んでいました。幸か不幸か、ビジネススクールでは資料はたくさんもらえますし、宿題

もたくさん出ますから、それをやっていれば、なんとなく授業にはついていけた。

もともと留学の志が高くはなかったんです。なんとか二年間で卒業できればいい、くらいに思っていました。二年いて、さすがに日常の買い物や普通の会話はわかるようになりましたが、クラスでディベートなんか始まると、やっぱりまったくわからないわけです。ただ、勉強することは、意外にも面白かった。三〇歳にもなってまた勉強などしたくないと思っていましたが、そんなことはなかった。

留学は英語の読み書きにもプラスでした。半端じゃない量を読ませられますから、やっぱり速く読めるようになった。書くことも、試験の答案にせよ、レポートにせよ、書かないと話にならないので、進歩したと思います。

卒業が決まって、やれやれ、と思いました。これでまた日本に戻れる、と。

ところが、思いがけない辞令が外池氏を待ち構えていた。それまで留学制度で送り込まれた行員は、何年かの日本での勤務を経た後に海外勤務をしていたが、この年から仕組みが変わったのだ。帰国の翌日、外池氏は自身がニューヨーク勤務になったことを知った。五年半の勤務の後、日本に九年、次はまたニューヨークで六年など、この後、外池氏は千代田区とニューヨークを往復しながらキャリアを積み上げていくことになる。

考えてみれば、当然だったと思います。せっかく留学させているのに、英語を忘れた頃にまた送り込むのも非常に効率が悪いわけですね。当時はちょうど海外業務が急拡大中でしたから、人員も足りなかった。ただ、例外なく留学後は帰国、と思い込んでいましたから、これはびっくりするしかありませんでした。

日本の銀行の国際化は、海外に進出した日本企業の取引のサポートから始まっていました。でも、私が行くちょっと前くらいから、中南米やラテンアメリカの国や公社向けのシンジケートローンに大規模に参加するようになっていたんです。それが本格化した途端、中南米の経済危機が起きて、あちこちで延滞が起こったり、返済スケジュールを作り直したりと、大騒ぎになるんですが。

今度は、仕事で英語を使わないといけません。アメリカ人の部下もつきました。最初の半年くらいは支店全体の勘定を締める主計の仕事をしていましたが、その後は、まさにラテンアメリカの国々の交渉担当になりまして。要するに、回収係です。そのための交渉に臨むときには、ローン契約書に加え、付属契約書、資料など時には三〇センチを超える厚さになる書類を全部、読み込まないといけなかった。しかも、ローン先ごとに全部、違うんです。これは、読むのに本当に難儀しました。

でも、そのうち気がつきましてね。こうした契約書というのは、ある程度、規則性があるんです。ある程度フォーマットがあって、書く順番も決まっていた。それがわかると、特徴とポイントだけつかめば、ダァーッと読み飛ばせることができるとわかったんです。見慣れない法律用語もたくさんありましたが、それはそれで覚えました。この知識と経験が、後の仕事にずいぶん役立つことになるんです。

そしてこの後、アメリカの地方公共団体、州政府や郡・市などが出す債券の保証業務を行う部署で、案件交渉から契約書づくりまですべてを一人で担当することになります。債券発行に関する契約書があって、それに対する信用補完の契約書があって。アメリカは法律が州によって違いますから、その対策も必要になる。信託会社との契約書など付属の契約書類を合わせると、これまたワンセットで三〇センチくらいになるんです。

これをそれぞれの利益代表が集まって、一行ずつ、読みながら議論をしていく。条件交渉も行う。銀行から来ているのは私一人。アメリカ人の弁護士を同席して。ひとつにつき、二、三日かかる。しかも間違えると大変。もちろん、すべて英語。こういう仕事を通じて、英語が鍛えられることになったわけです。それこそ朝から晩まで関係者と一緒に過ごす。当然、ご飯も食べるし雑談もする。圧倒的に英語に対するエクスポージャー（体験）は増えました。家を出て一週間くらい、日本語は一言もしゃべらないこともザラでした。

当初、聞いたり、話したり、ができなかった私ですが、時間をかければできないことはないんだな、ということもわかりました。キーワードだけ耳に入れれば、わかることのほうが多いんですよ、実は。全部を聞こうとするから、無理が出てきてしまうんですね。

キーワードだけでも半分わかれば、ほとんどの内容は実は理解できてしまう

日本語でも実はそうです。一字一句、すべて聞いている人はいないと思います。無意識に重要なところを拾っているんです。英語だと、そのパーセンテージは落ちますが、単語ベースでいくと、半分わかれば完璧に近いレベルで理解できると思います。三割くらいわかれば、だいたいの意味は取れる。これに気づいたのが、ニューヨークで仕事をし始めて三年目、地方公共団体などを回っているときでした。頭の中で英語を翻訳しなくなったのも、この頃。翻訳していると、理解が絶対に追いつかなくなります。英語で理解して、英語でしゃべる。モードを切り替えることができるようになっていったんです。

部下は外国人でしたが、マネジメントには困りませんでした。むしろ、やさしいと思った。彼らは仕事の場は仕事の場だと思っていますから、仕事の上で必要なことだけを伝えればいい。私のポジション、彼らのポジションで、それぞれの責任でこれをしてください、と言えばいい。やらなければ、なぜやらないのか、ということだし、やったもののレベルが気に入らなければ、こう直してほしい、と伝えればいいわけですね。

英語で何か書く場合には、
絶対に英語で書くべきです。
日本語を英語にするのは、やってはいけない

もちろん人間ですから、自分でいいと思ったものが「ダメだ」と言われたら、ふくれっ面はしますけど、上司からいろいろ注文がつくことはそれはそれで当たり前だと彼らも思っています。だから、きちんと説明すれば言うことはちゃんと聞いてくれます。その意味ではそれほど難しくない。

ただ、注意をしなければいけないこともあります。日本人の場合は、暗黙のうちに全員が共有していることがたくさんあるんですね。これはわかっているだろう、と思えるようなことで、国家アメリカではそうはいきません。言わなくてもわかる、と。しかし、多民族でも、しっかり言わなければいけない。言わなかったら、「あなたが言わなかったからだ」となります。言わなかったことは、なかったことなんです。

もうひとつ、厳しい指摘は本人にしっかりしておかなければいけない、ということです。日本は和の文化があるので、「君の仕事振りのここがダメなんだ」ということはあまり言いません。しかし、アメリカでは違う。ここが不満だ、と上司は伝えておかなければいけないんです。

これができずによくトラブルになるのは、日本人は良かれと思って、本当は部下に不満があるのに、「いつもよく頑張ってくれてありがとう」というようなことを言ってしまうんです。特に英語がうまく使えないコンプレックスがあると、余計にそうなる。サンキューだけ言っていれば、済んでしまう、と思い込んでいるようなところがあるわけですね。

しかし、内心は不満だったりすると、業績が厳しくなってリストラをしなければならないとき、真っ先にその人から切ろうとします。そうすると、当人は思う。「いつも『よくやってくれてありがとう』と言ってくれていたじゃないか。どうしてオレがクビになるんだ」と。アメリカの場合は、トラブルになるだけでなく訴訟社会ですから、不当解雇で訴えられるリスクもあります。そうなると、これまでに日々、上司がどう接してきたのかが問われる。単なる社交辞令で言っていたにもかかわらず、証拠としてすべて出てしまう。これでは裁判で勝つことは難しい。

アメリカでは、プロセスが重要なんです。これは非常に重要な概念です。何をするにも正しい手順がある。手順を踏まなければ、結果だけ良ければ、それでいいということにはならない。結果の正当性とプロセスの正当性は、まったく独立に両方、求められるんです。

長くアメリカで暮らしたことで、英語に対する日本人の誤解もさまざまに見ることになったという。例えば、ネイティブのように話をすることが、本当に日本人に求められるのか。アメリカを徹底的に受け入れることが、アメリカで快適に過ごす方法なのか…。

日本では、教科書に書いてあるような英語の言い方は、アメリカ人はしない、と言う人がいますね。ネイティブはそうじゃないんだ、と。また、英語には敬語はない、と思っている人もいます。でも、敬語のない言葉って、おそらく世界中にないと思います。どの国に行っても、どの言語を使っても、社会的に見て、自分と相手の位置関係は必ずあるわけです。自分より目上の人なのか、目下の人なのか、あるいは物事を頼んでいるのか。大勢が集まる場合でも、公的なスピーチなのか、友だち同士で気楽にしゃべっているのか。この位置関係によって、コミュニケーションが変わっていくわけです。

ここで日本人が陥りやすいことがある。例えば学生がワイワイやっているところへ行って話をして、「そうか、ネイティブはこう言うんだ」と知るわけですね。そして、その言葉を例えば仕事の場で使ったりする。そうすると、ものすごい違和感が出てくるわけです。ネイティブからすると、「仕事の場で、なんだ、こいつは?」ということにもなりかねない。

そのあたりのシチュエーションによる英語の変化に自分で区別がついて使い分けられている人はいいですが、それがわかっていないと、むしろネイティブに近づこうとしているのに逆効果を生むことがあるんです。難しいのは、日本みたいに単語そのものが違うというわけではないことです。言葉の使い方、語法が違う。丁寧な言葉づかいというものがあるんですね。これは、意識して英語のコミュニケーションを見渡していれば、気づくことができます。シチュエーションによって、英語は変わっていく、ということに。

ただ、最初からそれがわかるはずもありません。だから私は、まず大事なことは、教科書に書いてあるような、きちんとした普通の英語を話す、ということだと思っているんで

す。それをしゃべっていれば、まず間違いはないからです。いきなりネイティブみたいに、なんて近づこうとしなくていいんです。むしろそんなことはしないで、教科書の英語をしゃべっているほうが、外国人から見てみると、信用を得やすいと私は思っています。逆を考えてもそうでしょう。あくまで外国人なんですから、日本人は。

むしろ、これはアメリカで強く感じたことですが、みんながそれぞれのバックグラウンドをしっかり持っている。ドイツ系の人はドイツに詳しいし、フランス系の人はフランスに詳しい。そこに日本人として参加している限り、まず期待されるのは、日本に関する理解と知識です。それを、日本のことをよく知らない外国の人にわかるように説明できないといけない。逆に、どんなにアメリカに詳しくても、彼らにとってはそれは普通のことです。そこに特別な価値はない。これは日本人に限りません。ヨーロッパ出身者でも、アジア出身者でも同じです。みんなあなたにしかしゃべれない話が聞きたいんです。

特に、二〇〇年しか歴史のないアメリカ人が関心を持つのは、やはり日本の歴史や伝統的文化ですね。一〇〇〇年以上、歴史がさかのぼれて、その頃に建った木造の建築物がまだ残っている、なんていうのは、彼らにしてみれば仰天です。感心するし、感激するし、知りたがる。歌舞伎しかり、神社仏閣しかり。やっぱり説明できなきゃいけないですね。

逆に日本人の私からすると、びっくりするような常識がアメリカや他の国にはあるわけです。それはどっちがいいとか、悪いとかの問題ではないんです。だからグローバルコミュニケーションで重要なのは、いろんな価値を理解するだけの柔軟性だと私は思っています。あまり先入観にとらわれないことです。

日本はこうじゃなきゃいけない、という〝国粋主義者〟も、とにかくアメリカが素晴らしい、アメリカの真似をせよという〝鹿鳴館主義者〟も、どちらもおかしいと私は思っています。少なくとも、国粋主義者も鹿鳴館主義者も、アメリカではまったく評価されません。違いというのは、あって当然なんです。違った上で、同化はできないけどお互い理解ができる、ということが大切なんです。アメリカ国内だって、ウォール街で働いている人と、ケンタッキーでトウモロコシ畑をやっている人では、まったく違う文化なんですから。民族的なバックグラウンドや宗教、言葉も違いますし。それでも一つの国としてやっていけるのは、違いを柔軟に受け入れる姿勢があるから。これはアメリカの一番いい文化だ、と個人的に思ったところでした。

アフラックと外池氏の関わりは、二〇〇四年、持株会社であるアフラック・インコーポレーテッドの社外取締役になったことに始まる。実はアフラックは、大きく言うと日本のビジネスが全体の七割を占める。日本への進出時に第一勧業銀行が関わりを持ったこともあり、役員の交流が続いていた。そして三年後の二〇〇七年、日本社の社長として、外池氏に声がかかった。

アフラックというのは、いろんなものが本当に恵まれているんです。がん保険という商品では、マーケットで確固たる地位がある。ブランド力があり、好イメージがあり、経営内容も極めて健全。会社の雰囲気もいいし、社員同士も仲がいい。

ただ、進出から三十数年経って、まわりの環境は大きく変わっていたわけですね。世の中の変化に合わせて、会社も変わっていなければならなかった。そうしなければ、いずれ厳しい局面にさらされるだろう、という危機感が社内にも本社にもあったわけです。

ただ難しいのは、毎年、増収増益、最高益の更新を続けていたこと。ここで会社を変えていくのは、極めて難しい。結果が出ているわけですから。それでも、未来を見据えて思い切って変えていく、というのが、私のミッションでした。最初に変えたのは、私たちは商品を作る側、売るのは代理店、という線引きを見直すこと。アフラックが主体性を持ってもっともっと販売を支援していこう、ということです。

しかも今は、販売の仕事も多様化しています。商品はがん保険以外の生命保険もあるし、代理店のビジネスモデルも多様化しています。最近では、街の保険ショップも人気になっているでしょう。そのためにも販売側の組織の受け皿を充実させることが大切でした。そこで、代理店を支援する組織の再編成をしたんです。その他にもいろいろな改革を行った結果、それまで二、三年伸び悩んでいた新契約が再び順調に伸びるようになりました。

組織のトップになって、トップの仕事の責任の重みを実感しています。英語で言う「pass

the buck」、何か来たときに後ろに回す。例えば、上司に回すとか、意見を仰ぐとか、そういうことはもうできないわけです。自分の判断がファイナルになる。

それまでは副社長であっても、後ろにトップがいると思うと安心感があった。いるとうるさいところもあるんだけど（笑）。でも、自分がトップになるともう回す先がないわけですよね。仕事も、責任も。これだけの会社となると、大きな意思決定をするとインパクトもあちこちに及びます。社員は約四〇〇〇名、代理店が約二万店あって、その社員も合わせると一〇万人を超える規模です。家族の方を含めると大変な数になる。そこに影響が及ぶようなことを最終的に自分が決めているわけですから。これは、過去の仕事とはまったく違いますね。

アメリカは個の世界
日本はチームプレイ。
必ずしもそうではない気がします

思えば、日本とアメリカという異質な文化の中で、それぞれ半々くらいで仕事をしてきました。おかげで、物事をすべて相対的に見られる習慣が自然についたのではないかと思っています。これが絶対、という思い込みは、おそらく私は他の人よりも少ないでしょうね。例えば自分はこう考えるけれど、別の人には別の考えがあってもおかしくないと自然に思える。じゃあ、どっちがいいか、この場合は、どっちにするべきか。そういう相対化が習慣になっているのは、日米の双方の経験をしてきたおかげだと思っています。

でも、この二〇年ほどで日本の考え方は逆行しているように感じます。多様さを受け入れられない。その傾向がどんどん強くなってきている。そんな印象があるんです。こうなると、建設的な議論が成立しなくなるんです。単なる喧嘩になってしまう。違う考え方を認められないと、どっちが正しいか、力関係で決めようとしてしまうわけです。これは危ない。議論をして、全体のレベルが上がるということがなくなっていくから。

一般にはアメリカは個の世界で、日本はチームプレイの世界と言われます。でも、私の印象はだいぶ違います。アメリカは、本当の意味でチームプレイの精神を持っていると思うんです。個はそれぞれある。でも、全体としてチームのパフォーマンスが大事で、チームがうまくいくためにどうか、と考える。大リーグの野球がそうでしょう。日本はそうではなくて、みんなが同じことを考えないといけないとして、「一丸に」になろうとする。

それは、違いがそれぞれにあるという前提の上で、全体のパフォーマンスを最適にしようという考え方と、極力一つひとつの個の差を減らして、その間の調整のエネルギーを少なくしようという文化の違いでもある。でも、少なくとも今のような変化が激しくなっている環境下では、アメリカ式の個性を前提とした上でのチームプレイというか、やり方でなければ、競争上は不利だと思います。日本式のやり方だと、一〇人なら一〇人のチームで、一番優秀な人の能力がチームの能力になってしまうから。アメリカだと、一人ひとりは大したことはなくても、チームとして集まればもっと上に行く可能性があるんです。

英語を使うなら、そういうグローバルの文化としての良さも同時に受け入れる意識が欲しいと私は思います。たしかに英語を使えば情報力もアップするし、数十億人とコミュニケートができる可能性ができて、明らかに世界が広くなる。でも、それだけで終わらせてしまったら、あまりにもったいない。

例えば、英語で何か書く場合には、絶対に最初から英語で書くべきです。日本語で原稿を作って、それを英語にするのは、やってはいけない。下手でもいいから、英語で書き始める。書き方がわからなかったら、英語のサンプルを引っ張り出す。言葉だけ取り出して、逐語訳的に翻訳したところで、元の言葉の持っている意味は、本来わかりっこないんです。それぞれの文化の枠組みの中で使われている言葉なんですから。

そもそも、日本語とはモノの考え方とか、論理の展開の仕方とか、そういうものがまったく違うのが英語なんです。だから、最初から英語で書く。それを繰り返すことによって、英語の世界が理解できるようになる。表面に出てくるのは言葉ですが、裏側には言葉にならない考え方があるんです。それを理解することのほうが、グローバルコミュニケーションでは重要。私はそう思っているんです。

アフラック

1955年に米国ジョージア州にて創業、58年に世界初のがん保険を開発したアフラックの日本支社として、74年営業開始。「がんによる経済的悲劇から人々を救いたい」という信念は日本でも受け入れられ、一気に市場は拡大。85年には、世界初の痴ほう介護保険を発売。92年には、がん保険の保有契約件数が1000万件を達成。2011年３月末で個人保険・個人年金保険合計の保有契約件数が2101万件を誇る。一般企業の売上高にあたる保険料等収入は１兆3707億円。従業員数は3876名。販売代理店は1万9778店にのぼる。

Masao Torii

Boehringer Ingelheim Japan, Inc.

ベーリンガーインゲルハイム ジャパン株式会社 代表取締役社長

鳥居正男

Masao Torii

1947年、神奈川県生まれ。71年、アメリカ メリーランド州ロヨラカレッジ経営学部卒業。75年、上智大学国際学部経営学修士課程修了。92年、ハーバード大学AMP。71年、日本ロシュ入社。社長室長、試薬部長を経て、83年から87年までアメリカとスイスのホフマン・ラ・ロシュ社に出向。91年、取締役医薬本部長を経て92年、常務取締役。93年、ローヌ・プーランローラー社長。95年、シェリング・プラウ社長。後に会長。2010年より現職。

日本、頑張ったね。日本人、頑張ったね。そんなふうに言ってもらえた気がしました

東日本大震災から四ヵ月後、ベーリンガーインゲルハイムで年に三回行われているドイツ本社での経営会議がありました。私は、日本の震災についての話をしました。日本で緊急対策本部長を務めていた私は、ドイツ本社がどのくらい真剣に日本について心配してくれていたか、よく知っていたからです。社員に被災者がいたこともあり、日本という国、日本人全体について彼らは本当に心を痛めてくれていました。

写真のスライドも見せながら、約三〇分。出席していた四〇名の本社の幹部と主要国の代表は、食い入るように私の話を聞いていました。そんな姿を見ていると、私にも自然、力が入ります。日本の今の姿を伝えようと、懸命でした。スピーチが終わると予想もしていなかったことが起こりました。拍手が起きたのです。会議で拍手など、これまで見たこともない。ところが、それが鳴り止まないんです。一分経っても、二分経っても鳴り止まない。

私は思いました。これは、日本人全体に対するねぎらいの拍手なのではないか、と。日

本、頑張ったね、日本人、頑張ったね、と。いつ終わるのかわからない拍手の中で、私は頭を下げながら、本当に感動していました。胸が熱くなりました。そして改めて思いました。日本の震災についてきちんと伝えることができて、本当に良かった、と。英語を使うことができて良かった。日本の状況や、日本人の気持ちを正確に伝えられて良かった。あれだけの拍手をもらえたんだから、きっとうまく伝えることができたんじゃないか、と。

外資系企業にいると、いろんな国の人たちと交わることになります。面白いのは、だからこそ逆に、日本の良さを再認識させられることになることです。実は日本よりも海外の人のほうが、日本を高く評価しているんですね。日本はこの二〇年、あまりいいことがなかったとよく言われます。自信をなくし、未来も悲観論が流れている。でも、海外の人から見れば、必ずしもそうではありません。日本の文化や歴史への関心は大変なものです。日本人の教養の高さも、世界の人はよく知っている。震災で世界が驚嘆したマナーの良さにしても、ずっと前から海外の人は気づいていました。

グローバルコミュニケーションとは、むしろ日本の良さを見直すことでもある。私はそう思っています。日本人とだけコミュニケーションをしていたのでは見えてこないものが、見えてくるようになるんです。

二〇一〇年に創業一二五周年、日本での活動五〇周年を迎えたベーリンガーインゲルハ

イム。日本では、医療用医薬品の日本ベーリンガーインゲルハイム、コンシューマーヘルスケアのエスエス製薬、アニマルヘルスのベーリンガーインゲルハイム ベトメディカジャパンなど、広く医薬をフィールドに事業を展開している。日本におけるベーリンガーインゲルハイムの業務のすべてを統括し、三〇〇〇人のグループ社員を率いているのが、鳥居氏。上智大学を経てアメリカに留学、外資の世界に飛び込んだ。

高校のとき、担任が英語の先生でしてね。熱心に教えてくださったこともあって、英語は得意科目でした。もっと英語を学んで、将来は語学を生かして仕事をしたい。そんなふうに思っていました。ただ、高校時代はしゃべることはまったくできなかったんです。それで大学に入ると、すぐにＥＳＳ（イングリッシュ・スピーキング・ソサエティ）に入りました。話せるようになりたかったから。ＥＳＳ活動中は、すべて英語で会話する。これなら、自分も違和感なく英語が話せるようになるんじゃないかと思いました。

上智大学には芝生の中庭があったんですが、昼休みになると、ＥＳＳのメンバーが続々集まってきます。ランチタイムカンバセーションという勉強会をやるんですね。小グループに分かれて座り込み、テーマを事前に決め、個人個人が話をしていく。国連問題、友情、幸福…。話す内容は自分で考える必要があります。ここではっきりわかったことが、ひとつありました。それは、なるほど英語で重要なのは、どう話すのかという技術以上に、何を話すかという内容なんだ、ということです。内容がないと、何も話せないんです。ESSで私は、英語をコミュニケーションの手段として使う習慣を作ってもらえた気がします。ただ、技術がなくていいのかといえば、まったくそんなことはありませんでした。

ESSはいろんな大学の対抗戦もあったりして、政治や経済、安全保障など日本語でも難しい内容の話を英語で語る機会がたくさんありました。おかげでテクニカルタームも磨かれることになって。ランチタイムカンバセーションには、毎日のように参加しました。日々しゃべれるようになっていく自分がいたし、自分で考えたことに対してみんなが関心を持ってくれることが楽しかった。私は面白くて、クラブの活動にのめり込んでいきました。でも、そのために、人生で三本の指に入る挫折を大学三年で味わうことになるんです。

留学して半年
いきなり雲が晴れるように、
英語が使えるようになった

ESSの運営の中心は、会長はじめ役員を務めている三年生でした。ところが、すっかりクラブを楽しんでいる私に気づいたんでしょう。実際、一年生から私は目立っていたようでした。たまたま事情で役員を離れる先輩がいて、まだ二年生だったのに役員に抜擢さ

れたんです。二〇〇名を超える大きなクラブ。組織を引っ張っていく、人をまとめていくという役割に対する関心が、ここで私に芽生えることになります。いわゆるリーダーシップにも興味が湧き始めたんですね。実際、面白かったし、喜んで運営に参加していました。

やがて三年生になり、会長選が実施されます。私は、すぐに立候補を表明しました。二年生から役員を務めていた私は、クラブ内では当然、会長の大本命と思われていました。ところが、そこに一人、対抗馬が出てきたんです。選挙は、英語でのスピーチ勝負。単純に言えば、どちらがうまいか、です。それを会員みんなの前で行う。結果、私は大差で負けました。相手のほうがはるかにスピーチがうまかったんです。会長になるのは当然だと思っていた私のショックは、本当に大きかった。挫折でした。

でも、クラブの運営に関しては、私のほうがよくわかっていました。それで新しい会長から、運営は私にやってほしい、という依頼が来ました。私は一晩で割り切りました。そして副会長として一年間、運営を担いました。会長も見事に私に任せてくれました。

苦い想い出も残したESSですが、もうひとつかけがえのない人との出会いを私にもたらしてくれることになります。当時、英語学科の教授だったフォーブス神父です。彼はESSの顧問でもありました。入学当初、神父のまわりにはクラブのメンバーがたくさん集まっていました。でも、英語がしゃべれない私は近づくことができませんでした。そんな私に、神父はいつもやさしく声をかけてくれました。

常に学生のことを考えていてくれる人でした。部屋はいつも開放されていて、いつ訪ねていっても嫌な顔ひとつせず相談に乗ってくれる。自分の生活すべてを学生のために捧げているような人でした。完璧な他人への奉仕、というものを目の当たりに学ばせてもらえたんですね。私は英語のこと、クラブ運営のこと、卒業後の進路についても相談していました。そして神父の影響を本当に実感したのは、実は自分が社長になってからでした。

留学という選択肢も描いていた鳥居氏に、アメリカのロヨラ大学に留学することを勧めてくれたのも、フォーブス神父だった。日本人学生を海外に送り出す留学担当もしていた神父が、声をかけてくれたのだ。そして留学が、外資系企業に足を踏み出す一歩となる。

当時、留学する学生には授業料と寮の費用について奨学金が出る制度が上智大学にはありました。フォーブス神父がチャンスを与えてくれたのが、この制度だったんですね。そして神父は、私を受け入れてくれる大学に、何通もの手紙を書いていたことを後に知りました。神父は当時、一言もそんなことを言わなかったんです。私が希望していたのは、日本人がいない大学でした。日本人がいたら、絶対に日本語をしゃべってしまう。むしろ英語しかしゃべれないような厳しい環境に自分の身を置きたかった。

私の両親は、留学には反対でした。日本の大学とは異なる時期に卒業時期を迎えるため、就職に困るのではないか、と考えていたからです。私は反対を押し切って決断しました。その代わり、お金は一切いらない、と宣言して。父にすればそれなりの仕送りはできたんだと思いますが、父も頑固者でした。一切、支援はなかった。だからいろんなアルバイトをしました。キャンパス内の掃除、寮の食堂での配膳と皿洗い、トイレ掃除、中華料理店、ガソリンスタンド…。ただ一週間に一五時間以上アルバイトすると、成績に影響すると気づいてからは、一〇時間くらいを目安にスケジュールを組んで働きました。

英語は一応、話すことはできましたが、留学で最も大変だったのは、読むことでした。テキストの量がすさまじく、ついていくのが大変。授業が終わると少し寝て、その後、明け方までずっと勉強する毎日。週末も基本的に勉強していました。二年目には成績優秀者リスト、いわゆるディーンズ・リストに毎期選ばれました。奨学金をもらっていましたし、留学をサポートしてくれたフォーブス神父にも恩返しをしたいという気持ちも大きかった。

英語のコミュニケーションは、最初は苦労がありました。ＥＳＳでの下地があったとはいえ、何とかしゃべったり、聞いたりできる、という状況でした。ところが半年経って、いきなり大きな変化が現れました。まるで空の雲が晴れていくようにサァーっと世界が見える感じがしたんです。これで、普通にしゃべれるようになった。アメリカの生活が極めて自然になりました。不安がまったくなくなったんです。でも、逆にこうなると油断しちゃうんですね（笑）。英会話を勉強しなくなってしまったんです。

社員のために何ができるのか。それが経営トップの仕事だ

勉強を頑張っていたのは、もうひとつ理由があります。両親が就職を心配していたこともあり、私は先手を打っておくことにしたんです。もとより大きな日本の組織に入って、ゆっくり時間をかけて一定の地位に就くより、早く権限を持ちたい、責任ある仕事がしたい、と考えていました。加えて英語が活かせる仕事、となると、外資系という選択肢は早い段階から浮かんでいました。

フォーブス神父に相談すると、経済界とつながりのある神父を紹介されました。そして彼から紹介を受けたのが、日本ロシュでした。アメリカへの出発前に、会社を訪ねると、いきなりスイス人の社長と話をすることになり、まずは成績だけ送っておいてくれ、と言われました。だからずっと成績だけ送り続けていて。卒業して帰国したときには、役員全員による面接が行われました。びっくりしたのは、その場で「彼が欲しい人は?」という話になったこと。そこで手を挙げてくれたのが、私の最初の上司、後に日本ロシュの社長になるロイエンベルガー氏でした。これは本当に幸運な出会いでした。

意外に知らない人もいますが、
英語にも礼儀作法があります。
外国の人たちはとても配慮します

彼の担当部門で一年間、仕事をした後、私は彼のアシスタントに抜擢されました。彼のすぐ近くで業務をサポートする役割。すると翌年、彼が社長に昇進しましてね。私は結果的に入社間もない時期に社長のアシスタントを務めることになったんです。彼から私はたくさんのことを学びました。最も大きなものは「全面的な信頼」です。私はアシスタントとして彼のスピーチを代筆していましたが、いつも一言一句違えずに読み上げ、訂正されたことも一度もありませんでした。彼からの依頼事をとにかく早く、完璧に仕上げることが当時の私のやりがいでした。部下を信頼し、仕事を任せる姿勢がリーダーには絶対に欠かせない。それを教えてもらうことができました。

アシスタントの仕事領域は定められていませんでした。それこそ、担当部門がない仕事はすべて、私のところにやってきました。というより、私は好んで引き受けていました。やります、できます、と。自分の守備範囲を拡げたかったからです。どんどん経験を積みたい、という意欲が強かったんですね。あとはスピード。とにかく早くすべてを終わらせるんだ、と。もうバカみたいに仕事をしていました。仕事量は誰にも負けなかったと思います。朝から夜中の一時、二時までいつも仕事をしていましたから。社内では、ワーカホリックで有名でした。仕事が大好きだった二〇代、と言えるかもしれません。

どうしてあんなに仕事をしたのか。出世志向が強かったわけではありません。思えば、まわりの人が驚いたり、褒めてくれるのが、うれしかったのかもしれない。直接、言われなくても、聞こえてくるんです。「鳥居はすごい」「仕事が速い」「本当に頑張っている」「あの人には任せられる」……。すると、ますます調子に乗ってしまう（笑）。

ただ、そんな状況で、しかも社長のアシスタントというポジションにいるわけですね。今から思えば、嫌な奴だったんじゃないか、とも思うんです。猪突猛進、仕事しか考えない。自信満々で、人にも同じことを求める。ただ、直接ガツン、と鼻を折られることも少なくなくて。例えば、後にアメリカに駐在したときには、私の書いた会議の議事録がアメリカ人の上司に真っ赤に朱入れされて戻って来ました。日本では英語が一番うまい、なんて思っていたのに、ポッキリと折られましたね。日本ロシュに入ったとき、ビジネス英語は普通の英語とはまた違うと気づいて懸命に勉強したんです。ところが、アメリカではそれが通用しなかった。読んでみると、なるほどな、という英語なんです。難しくないけれど、言い回しが違う。生きた英語でした。このときも必死になって、二、三ヵ月でマスターしました。向こうの人が書いているものを一生懸命に真似して。やれば、できるんです。

日本ロシュでのキャリアは本当に幸運でした。社長はスイス本社に戻ってナンバーツーになりました。日本を去るとき、長く自分に仕えた私にいい仕事を与えようと、海外への赴任や帰国後の本部長ポジションを考えてくれました。私は猛スピードでその通りの出世をすることになります。年功序列の会社に入っていたら、まずこんなことはなかったでしょう。

一九九二年、鳥居氏は四五歳で常務取締役に就任する。だが、九三年、二一年間勤めた日本ロシュを離れ、ローヌ・プーランローラーに転じて社長になる。幸運なキャリアを積み重ねた鳥居氏だったが、挫折が待ち構えていたのだ。それは予想もし得ないものだった。

日本ロシュ時代は、幸運が幸運を呼び込むようなことが続いたんです。四年間の海外赴任から戻ると、その後の六年間で九品目、新製品が発売されました。それで飛躍的に会社は成長しました。当時、私のポジションはその医薬品事業を率いる責任者でしたが、優秀な仲間に恵まれていました。もちろん、仕事がよりしやすくなるような仕組みも作りました。支店を増やす、インセンティブを導入する…。そこに結果がついてくると、ますますいい状況で事業が回っていく。

ずっと社長の下にいて鍛えられ、アメリカとスイスにも出て帰国して、責任者として結果を出した。役員になってからは、社内ではごく自然に、私のトップ就任が語られるようになりました。私にもその気がないわけではありません。ところが異変は、日本ではなくスイス本社から始まりました。私を支持してくれていた上司が自ら連れてきた知人が社内で力をつけ、上司に匹敵するほどになったんです。そして彼が、かつて自分が所属していた会社の日本人を日本のトップに推薦した。要は、ライバル同士で別々の日本のトップを推薦することになってしまったわけです。結果的に、その力関係で私の社長就任はなくな

った。

会社に残ってほしいと言われましたが、第二の挫折はＥＳＳのときの挫折と大きく違いました。それは、私のことを認めてくれて、社長として来てほしい、という会社が現れたことです。それが、ローヌ・プーランローラーでした。ちょうど会社が合併したところで、新しいリーダーを必要としていた。日本ロシュへの思いは、そのまま次の仕事への激しいパワーになりました。

でも、今思えば、あの挫折はあって良かったと思っています。当時の私は大きな組織を率いるには力不足でした。あのままずっと温室育ちでトップにまでなっていたら、自分にとって本当にプラスだったかどうか。それは、自ら飛び出して何も支援のない状態に追い込んだことでわかったんです。大組織で製品もたくさんあったのが、ロシュでした。ところが、新しい会社は規模も小さいし、合併したばかりでした。改めて自分がいかに恵まれていたか、外に出て認識できた。だからこそ、自分一人で本当にできるのか試せると思いました。私の中に、覚悟が生まれたんです。

そうなると、会社がまるで違って見えた。どうして会社が成立しているのかというと、社員が一生懸命やってくれているからなんです。ローヌ・プーランローラーはロシュほどの規模もなかったし、製品もなかった。でも、どんな環境でも社員は頑張ってくれていた。そういう社員のおかげで会社はあるんです。社員のために自分に何ができるのか。どうやって恩返しができるのか。それが、経営トップの仕事だと思いました。まさに、フォーブス神父の教えを思い出したんです。誰かのために頑張れ。他人のために自分を捧げよ。感謝せよ、謙虚であれ、配慮せよ…。以来、傾聴と全力投球が私のモットーになりました。

私は、ただ運が良かっただけだったんです。ずっと天狗だった。だから、あれは神が授けてくださった試練だったんです。でも、逆にこの試練を乗り越えて、自信がつきました。

日本人社員のために、本当にいい会社を作りたい

一九九五年からは一四年にわたって、シェリング・プラウの社長を務めました。この間、厳しい時期もありましてね。今も覚えているのは六年前、本社の経営が悪化してトップが交代したとき。請われて社長になった私はそれまで、日本は鳥居に任せておく、と言ってもらえていました。ところが、経営者の交代で「何もかも変えよう」ということになった。折しも前年まで伸びていた売上高が、マーケットの変化でその年は四割も下がってしまいました。その前まではずっと大きく伸ばしてきたんですが、過去の努力なんて見てもらえなかった。日本は鳥居で大丈夫か、ということになったわけです。

翌年、業績は回復しましたが、頑張って売り上げ目標をはるかにオーバーしたんですね。すると、鳥居は目標を低めに設定している、と逆に不信感を買ってしまって。こうなると、私が言うことは本当なのか、とすべて疑いの目を向けられる。仕事上で何より信頼を大事にしてきた私が、初めて経験した信頼を作り出せない事態でした。私と本社の信頼関係だけではありません。このままでは社員にも申し訳ない事態になります。

私が選択したのは、本社から日本にどんどん人を呼び寄せることでした。日本の状況をすべて見てもらおうと考えたんです。最初の年は一〇〇名呼びました。私は全員に会って、何もかも見せました。そうすると、日本を離れるときにはみんなニコニコしているんですね。日本は頑張っている、心配はいらない、とわかったと。さらにアメリカ本社とは週に一回、電話会議をお願いしました。時間をもらって事細かに報告する。いろんな話をする。そういう時間の投資をすることで信頼感を少しずつ得ていったんです。業績がいいときはいいんですよ。悪くなったときに、どうやって信頼を回復するか。それを学びました。

このときは部下にもお願いして、本社も納得する高い目標を設定しました。他国では、高い目標に次々ギブアップが出ました。でも、日本が頑張ってクリアしました。私も自ら現場に出ました。私には営業の経験はありませんが、何より真剣勝負でした。その思いは、医師にも伝わったんだと思います。たくさんの先生が支持をしてくださったんです。

私は思いきったプレゼントを社員に与えたいと思っていました。頑張ってくれた恩返しです。選んだのが、営業部門の社員全員でのハワイ旅行でした。総勢一〇〇〇人。全員でシェラトン・ワイキキに泊まる。これには社員も驚きましてね。さすがに全員で行くのは、仕事上どうか、という声まであった。でも、ハワイに到着した途端、そんなことはみんな忘れていました。あちこちにはしゃぎ声や笑い顔があって。私はそんな顔が本当にうれしかった。

ホテルで行き交う人のほとんどが社員でした。すれ違うたびに笑顔で挨拶が行われる。これだけのスケールの社員旅行はそうそうないでしょう。ただ、他の観光客にも社員と間違えて声をかけてしまって、恥ずかしい思いをしてしまいましたが（笑）。

シェリング・プラウは後に他社に買収され、鳥居氏には新たな声がかかった。それが、ベーリンガーインゲルハイムだった。日本人初の日本法人トップ就任。関心を持ったのは、ドイツに本社を持つヨーロッパ系だったこと、そして株式を公開しない方針だったという。

株式を公開しない、ということはこの事業においては、とても重要なことだと思っています。一般の企業であれば、株主と企業は経済的な理由でしかつながらないことが多い。でも、ベーリンガーインゲルハイムは違う。株主も企業も、目指しているすべてが同じなんです。持っている資産を健康医療産業に投資し、たくさんの人々に幸せになってもらう。

そのために資産を投じる株主がいて、チャレンジの機会を与えてもらえている恩に業績で報いようと経営陣が頑張る。私が何よりうれしかったのは、ずっと私自身が大切にしてきた信頼感、人を信じるという心がここにはしっかりあったということです。

初めての日本人トップということで本社には心配もあったはずです。しかも、外部から迎えた。でも、全面的な信頼感をいただけました。震災のこともそうですが、やっぱり最後は、日本の中では日本人にしかわからないことがあるんです。もし今回、日本人の私がトップでいなかったら大変だった、と本社も言っていました。わからない部分はわかる人に任せる。それが本当にできる会社なんですね。最初から、あなたの一番いい方法でやってほしい、と言われています。私としては、その信頼をさらに強固にすることをまず考えています。そして社員と、お客さまとの信頼関係をさらに強くしたい。

経営者の仕事の魅力は、自分次第で社員と社員の家族を幸せにできることです。自分のためではなく、社員のために日々仕事ができる。外資系といっても、日本法人は日本人が働いている。日本人社員のために、本当にいい会社を作りたい。私はそう思っています。

グローバルな環境で仕事をしてきて良かった、と今もよく思います。日本人としての良さがわかることもそうですが、一方で外国人の素晴らしさにも触れることができます。とりわけトップエリートたちには、人間としての深みがある。経営会議のために本社に行っても、みんな忙しいのに会いたいと言うと必ず時間を作ってくれるんですね。しかも、一〇分だけ時間をもらって、一〇分しかないから、と私が急ごうとすると「まあまあ、ところで日本の天気はどう？」と言う。「How are you?」からしっかりやろう、というわけです。大人なんですよ。人間としてちゃんとしているんです。

意外に知らない人もいますが、英語にも礼儀作法があります。例えば、反対意見を言ったり、非難をする時にも、まず相手の発言に配慮することが大切です。「その意見もいい。でもね〜」と言う。ただ英語をしゃべろうとすると、こういうことを忘れる。若いときの私がそうでした。ちょっと英語ができるようになると勘違いしてしまうんです。西洋人だからどんどん意見すればいい、と。でも、メールを見ても、外国の人たちはとても配慮します。強い反対意見であった場合でも、とてもマイルドに書いてくる。前後をやさしく包んでいる。そういう配慮が必要なんです。

ただし、英語はどこまで行ってもツールであることは間違いありません。重要なことは、何を話すか。日本人として日本の教養をしっかり理解しておくこと。日本人らしい答えが出せること。もっと言えば、しっかりとした自分の意見を持つこと。実は日本人には、これが一番足りないかもしれない。英語を使って、自分の意見を言う練習をする。それが何よりの有効な英語勉強法だと思います。

ベーリンガーインゲルハイム ジャパン株式会社

1885年、ドイツで生まれた製薬会社ベーリンガーインゲルハイムは、株式を公開しない世界最大の製薬会社。事業領域は、医療用医薬品、コンシューマーヘルスケア、アニマルヘルスなど幅広く、グローバルでの売上高は約１兆4700億円。日本法人は、日本ベーリンガーインゲルハイム（医療用医薬品）、エスエス製薬（コンシューマーヘルスケア）、ベーリンガーインゲルハイム ベトメディカジャパン（アニマルヘルス）など５社からなる。従業員数は約3000名（2010年）。

Chikatomo
Kenneth Hodo

Accenture Japan Ltd

アクセンチュア株式会社　代表取締役社長
程 近智

Chikatomo Kenneth Hodo

1960年、神奈川県生まれ。82年、スタンフォード大学工学部卒業後、アクセンチュア入社。87年、マネジャー。91年、コロンビア大学経営大学院でMBA取得。シニア・マネージャー。95年、パートナー就任。2000年、戦略グループ統括パートナー。03年、通信・ハイテク本部統括本部長。05年９月、代表取締役。06年４月、代表取締役社長兼通信・ハイテク本部統括本部長。08年９月より現職。

そもそも語学って、必要性があるときに一番伸びるものなんです

五〇歳を過ぎてから、中国語を習い始めましてね。振り返ってみれば、二九歳でアメリカのビジネススクールに入ったとき、大学のときとの記憶力とのあまりの差に愕然としてしまったんですが、日本に戻ってからそれはますます痛感することになりました。マネジメントというのは、コンピュータで言えば、CPUを毎日ガンガン回しているようなものだと思うんです。入ってきたら、処理して、バッと答えを出す。でも、メモリーは使っていないんですね。過去の記憶はあっても、貯めることができなくなっていく。だから五〇歳を過ぎて、新しい語学の中国語をやることで、記憶力をもう一度、再開発しようと思ったんです。

それともうひとつ、始める四年ほど前に、韓国の大手メーカーのトップの方とお話しする機会がありまして。韓国人なんですが、日本語はペラペラ。もちろん韓国語もペラペラだし、英語もペラペラです。当時、彼は五〇代中盤だったと思うんですが、今、中国語を習い始めている、と言うんです。半導体の世界では、日本はアメリカに学んだ。そして、

韓国の半導体業界は日本に学んだ。そして、これから中国は我々から学ぶのだ、と。だから週に三回、中国語のレッスンを受けている、と。

三ヵ国語が自由自在に操れて、しかもまた新しい語学をマスターしようとしている。大企業のトップが、ですよ。こういう話を聞くと、私も頑張らないと、と思わざるを得なくなりました。月に六レッスンと決めていますが、正直きついです（笑）。宿題がなかなかできない。覚えられないんですよ。集中してテープを聞いていると、フラフラになります。でも、悔しいから、絶対にマスターしたい。そもそも語学って、燃えているときや必要性があるときに、一番伸びるものですからね。

世界五三ヵ国二〇〇都市以上を拠点に一二〇ヵ国以上で経営コンサルティング、テクノロジー・サービス、アウトソーシング・サービスを展開、約二兆円の売上高を誇るグローバル企業がアクセンチュア。日本法人の代表を務める程氏は、一九八二年にスタンフォード大学を卒業後、新卒でアクセンチュアに入社した生え抜きのトップである。

僕は日本に生まれ育ったんですが、小学校から高校までの一二年間、横浜にあるインターナショナルスクールに通っていたんです。国際人になれ、というのが両親の方針で、父親も通っていた学校に行かされたんですね。それまでは日本の幼稚園に通っていましたし、英語教育は受けていませんでしたから、とにかく最初は英語がわからずショックを受けたことを今も覚えています。いろんな国の子どもたちがいましたが、みんな英語をしゃべるのに、僕だけしゃべれないし、聞けないんです。

しかも、インターナショナルスクールですから、いろんな国から先生が来ていて。一年のときはスイス人の先生、次は日系で、その次は中国系、さらにスペイン系に、ドイツ系、インド系…。一二年間、全部違う英語で、それぞれ訛りも強くて。おかげで、英語にもいろいろあるんだ、ということが子どもの頃から認識できた気がします。

厳しい学校で、校内にいるときには英語以外しゃべれないんです。日本人はほとんどいませんでしたから、最初は苦労しました。でも、一年くらいで慣れてしまって。当時、一番楽しかったのは、友だちの家に遊びに行くことでした。国際色豊かなんですよ。ハロウィンやクリスマス、サンクスギビングや誕生会なども、家によって違う。それこそよく言われることですが、インド人の多くは本当によくしゃべりますし、フィリピン人はおおらか。そういう多様性を子どもの頃から自然に受け入れることができたんですね。

一方で、大好きな野球は学校のチームの一方で、地元の日本チームにも入っていました。これがまったくノリが違うんです。日本のチームは上下関係が厳しいし、怒鳴られるし、根性が求められた。一方で学校のほうは、エンジョイが一番（笑）。すごいギャップなんですよ。でも、実を言うと僕は、日本の厳しいほうが好きだったりしたんですけどね。

英語とコンピュータ
両方できれば
職にはあぶれないだろうな

スタンフォード大学に行ったのは、たまたま叔母がサンフランシスコにいたので、その近くの学校がいいだろう、ということになったからでした。インターナショナルスクールの経験で、言葉に困ることはありませんでした。僕がびっくりしたのは、勉強もできるしスポーツもできる、という文武両道の学生がゴロゴロいたことです。僕はテニス部に入ったんですが、女子チームの二軍の選手相手に、試合をすると大敗してしまって。

一方で、物理や数学など、サイエンスの世界で天才的な学生もいる。リーダーシップにしても、学問にしても、突き抜けているんですよ。アメリカってすごい国だな、と思いましたね。これなら強いだろうな、と。

三年で進路選択があって、僕は理系に進むんですが、そんな状況ですから、科学者やエンジニアとして生きていくのは相当難しいだろうと思いました。そういう才能を理解しながら、ビジネスサイドに進んだほうがいいと思った。なので、理系の大学院には行かず、一度、会社に入った後、ビジネススクールに入ろうと考えていました。

当時、日本からの留学生の多くはアメリカで就職することを希望していました。でも、僕は逆だったんですよね。僕がアメリカで学んでいた一九八〇年代前半は、日本の自動車産業やエレクトロニクス産業が世界を席巻し始めた頃です。日本脅威論がささやかれ、一部の街では日本の製品がハンマーで叩き壊されたりしていました。まさに、ジャパン・アズ・ナンバーワンの時代。ですから日本人は、肩で風を切って歩く、みたいな雰囲気がありました。日本を研究する学者もたくさんいて。

ところが僕自身、日本のことをほとんど知らないわけです。だったら、日本で働いたほうがいいんじゃないかと。どうして日本がこんなに強いのか、知りたかったんです。ところが日本では、海外大学の新卒を受け入れてくれる会社が当時、ほとんどなかった。受け入れてくれたのが、外資系でした。また、コンサルティング業界なら、いろんな業界が見られる、と思ったんですね。当時、コンサルティング部門は、七〇人ほどの組織でした。

外資系コンサルティングの世界に身を投じた程氏だったが、仕事は思わぬところから始まった。プログラマーである。コンサルティングのはずが、いきなりのコンピュータの仕事で、実は戸惑うことも少なからずあったという。そして六年、当初の予定通り、会社を離れてビジネススクールに入るため、コロンビア大学に行くことになる。

例えば、小売業ならまず店舗から始まりますね。メーカーなら工場に行くことも多い。同じようにあの当時、コンサルティングに入るとみんなプログラマーになったんです。そういえば採用されるとき、人と接するビジネスは好きか、経営に興味はあるか、という質問のほかに、コンピュータは好きか、というものもありました。僕は基本的に新しいもの好きなので、興味はある、と答えました。この三つに興味あるなら、うちの会社は面白いぞ、と言われていたんですね。

でも、プログラマーの仕事を始めると、やっぱり気持ちは複雑でした。当時は夜勤もありましてね。今でこそコンピュータのリソースはたくさんありますが、当時は少なかったのでプログラマーの仕事は業務時間外が多かったんです。夜一〇時の出社のために、デイパックを背負って出て行って、朝、帰ってくる。両親も疑問符だらけだったと思います。コンサルティング会社に入ったんじゃなかったのか、と（笑）。

また、ずっとアメリカにいましたから、僕は難しい漢字が書けなかったんですよ。でも、仕様書を書かないといけない。だんだん後輩に仕事を任せていくようになるんですが、どうにもおかしな漢字が多かったようで（笑）。「程さんの仕様書は想像しないといけない」なんて言われていました。

プログラマー生活は三年間に及び、四年目からはシステムエンジニアになりました。コンサルタントになるはずなのに、どうしてこんなことをしているんだ、という気持ちがなかったわけではありません。幸いだったのは、上司としっかりコミュニケーションできたことです。コンピュータを理解しておくことが、どれほど重要か。また、プログラマーの技術がどれほど世の中に求められているか。

もうひとつ、英語ができたことは、やっぱり重宝がられたんですよね。通訳もやりましたし、ドキュメントの翻訳にも担ぎ出されたり。それこそ、英語とコンピュータの両方ができれば、職にはあぶれないだろうな、と思うようになりました。

これは後になって実感したことでもありますが、やっぱり短期志向にはならないほうがいい、と思います。短期志向は、自分の日々の暮らしを楽しくしてくれるものにはなるかもしれませんし、大事なんですが、同時に中長期的な視点でのチェックも大事なんですね。今やっていることが将来にどう生きてくるのか、すぐには見えないものでも、意味があるものはたくさんある。これが理解できないと、間違った判断をしてしまいかねないんです。

相手の文化を尊重できるヨーロッパの人と、日本人は合うと思う

最初の三年間、製造業のクライアントに携わって、それから金融に行きました。ここで

感じたのは、やっぱり世の中を動かしているのは、金融なんじゃないか、という思いでした。もともとビジネススクールに行くことは決めていましたから、卒業したら金融機関に勤めるつもりで留学を決断しました。

大学時代はカリフォルニアで、今度はニューヨーク。最初に実感したのは、多様さでした。カリフォルニアはスペイン語系も多いんですが、ニューヨークに行くとアフリカ系など、いろんな英語が飛び交っている。しかも、マンハッタンというところは、本当に刺激的なところで、集積もしているんですが、人が通過していくわけです。そしてそこに、必ず何かを落としていく。プレゼンテーションとか、スピーチとか、お金とか。

コロンビア大学はそんなニューヨークにありますから、世界のリーダーが来ると、ついでにコロンビアでスピーチを、ということになるわけです。だから、政治家も経営者も、たくさんのスピーチを見ました。でも、それだけじゃない。ウォール街には金融の世界で成功したとんでもない大富豪がいて、他のエリアにはミュージカルやらダンスやらジャズやら、あらゆるカルチャーが詰まっている。たまたま入った店で、いきなりロン・カーターがベースを弾いていたりして。なんて面白い街なんだ、と思いました。もちろん治安の心配はありますから、怖さもあるんですけど。そこは、カリフォルニアとは違った（笑）。

しかもビジネススクールに来ていた仲間が、また面白かったんです。今でもコンタクトを取っている友人もいますが、このときとりわけ印象深かったのが、ヨーロッパの人たち

ライフスタイルと合わない会社は、
自分が長くいても
お互いにハッピーになれない

でした。アメリカ人はよく知っていましたからね。ヨーロッパ人は、改めてクロスカルチュラルだな、と思いました。語学も、一人数ヵ国語なんてことは普通。しかも、アメリカで勉強した後は、アジアで仕事がしたい、なんて平気で考えていたりする。本当に多様な価値観を持っていて、発想がグローバルなんです。

背景にあるのが、相手の文化を尊重する、という考え方です。アメリカ人は必ずしもそうではない。でも、ヨーロッパの人は、いろんな文化を理解し、尊重して、関係を築くことができるんですね。この点では、ヨーロッパ人と日本人は合うと思います。あまりに単細胞な発想や、相手の文化を尊重できない人たちを見ると、一緒に盛り上がれたりする(笑)。アジアにもアメリカに近い国があるので、これは理解しておくといいと思います。

このとき、もう会社に戻るつもりはありませんでした。就職活動もして、アメリカの銀行からもオファーをもらっていて。予定通りの段取りだったんですが、びっくりするようなことが起きるんです。たまたまその後、日本に帰国していたとき、新橋駅で当時の社長とばったり顔を合わせてしまったんです。「今、どうしてるの」と聞かれて、夏だけビジネススクールのインターンで銀行で働いています、と伝えたら、「あ、そう。ちょうどいい。戻って来たときに、戦略グループという新しい組織ができるから。新規事業だよ」と。

面白そうなわけです。しかも、社長から直々に言われて。このとき駅で社長とすれ違わなかったら、僕のこのインタビューはなかったですね(笑)。

帰国して会社に戻った程氏はその後、戦略コンサルティング部門でメキメキと頭角を現すことになる。ＩＴリエンジニアリング、ｅコマース、デジタル・コンバージェンスなど、時代より二年ほど早く次々にキーワードを打ち出し、これがその通りになっていく。通信業界を担当、ＩＴブームを経て、戦略グループのトップを務めた後、日本に戻ってわずか一五年、四五歳にして社長にまで上り詰めるのだ。

僕は三年ごとにキャリアを見直す、という意識をずっと持っていました。五年で考える人もいますが、僕のスタイルは三年。最初の年はキャッチアップ。二年目は実力を出す。三年目でそれなりのリターンを刈り取る。誰かに教わったわけではなくて、この発想が自然にできていったんですよね。そして三年経つと、自分で三つチェックするんです。所属する仕事場に貢献できているか、社内でやりたいことがあるか、社外に出たら市場価値はあるか。そのために、ヘッドハンターとも付き合っていました。今の自分なら、外にどんなポジションがあるか、それを認識することができますから。

違う言い方をすれば、三年ごとに自分なりに決めた目標を、確実にものにしていく、ということですね。そのためにも、社内と社外で二つのベンチマークを持っていました。社内では誰もやっていないことにチャレンジすること。そして社外では、出会った人たちとどっちが面白い仕事をしているか、比べてみることです。

VISION

僕は大学がアメリカでしたから、どうしても友人関係が海外中心になってしまう。日本人には友人が少ないんです。そこで、積極的に社内外の勉強会や異業種交流会に出て行きました。ここで、どんな仕事をしているのか聞きだす。あとは給料も聞いちゃう。これがモチベーションになるわけです。実際、二〇代の頃は給料では日本の大手の人たちに負けていました。でも三〇歳くらいで抜き去った後は、一気に差がついていきましてね。この会社って、悪くないんじゃないか、と思ったりして（笑）。

働き盛りだと、外部の勉強会や交流会に出る時間がなかなか取れない、という声も聞こえてきますが、それは上司とちゃんとコミュニケーションをして、話しておくことです。この日はこういうことがあるから、と決めておく。もちろん、お客さまに何かあれば仕事を優先しますが、そうでない限り、絶対に行くと決めて仕事をし、上司や同僚にも伝えておく。やればできるんですよ。

もちろん、そういうことがどんどん話せた、アクセンチュアという会社の自由な社風もあるかもしれませんが、僕はこうも思っていました。そんな僕をいらないと言うんだったら、この会社とは縁がないな、と。ライフスタイルと合わない会社は、自分が長くいてもお互いにハッピーになれないでしょう。でも、その代わり、やるとなったら四八時間、寝ないで仕事する。そんな体育会系の社員でしたね（笑）。

ネイティブじゃない人が英語を話すと、どうしても言葉数が多くなってしまう

入社して思ったことは、この会社には本当に優秀な人がたくさんいる、ということでした。しかも僕はあまり人と違うことをするのは、好きではなかったりするんですね。では、能力が足りない部分をどうカバーするか。それが、ちょっと先へ行くということだったんです。そしてもうひとつが、自分が培ってきたグローバル性ですね。

ちょうど僕のキャリアパスのイメージが三年ですから、そのくらい先を見越して、先を読むことを常に考えていました。でも実はこれ、ちょっと前までそんなに難しいことではなかったんですよ。いわゆる、タイムマシーン経営です。日本は、アメリカのやっていたことを追随していたんですね。ところが当時は、アメリカの情報が今ほど流通していなかった。

今は、インターネットもあるし、メディアは世界中に記者を派遣しているし、雑誌だってどんどんアメリカから入ってきます。ところが、二〇〇〇年くらいまではそれがなかった。だから、情報アービトラージ（さや取り）とでも言うんでしょうか。タイムラグが取

れたんです。

そういう情報がどういうふうに発信されていたのかというと、英語で発信されていたりしたわけですね。英語ができれば、それを読むスピードも違う。しかも、海外に行って外国人と話をしてくれれば、確認もできる。実態はどうなのか。どこまで進んでいるのか。まさに英語の力やグローバルのネットワークが、大きな力になってくれたわけです。

人間にはいろんなタイプがあると思うんです。ゼロから発明するのが得意な人もいる。僕は、人と会ったり、いろんな刺激をもらうことで、いろいろな要素をつなぎ合わせてひとつの方向性を見出していくのが好きなんです。でも一方で発明できる人もいる。大事なことは、自分の能力や強みをわきまえて、できないものはできないと認めて、その部分は、能力を持った人に任せればいいということだと思うんです。

実際、今はもうアービトラージはできなくなっていますからね。誰もが情報にアクセスできるようになったから。逆に言うと、ここにアクセスできないということは、相当なハンディになることは覚悟したほうがいいでしょう。みんながわかっていることが、わかっていないということになるわけですから。今、世界の軸足は西から東に移っていますし、多極化している。そういうことには、当たり前のように気づいておかないといけない。

いずれは社長に、と考えていたんですか、と聞かれることもありますが、特に目標に据えていたわけではありません。だいたい、能力がないのに社長になったら、会社はすぐにダメになるでしょう。その前に着実にいろんなステップを、上のレベルを踏まないといけない。最初は疑問に感じていたシステムの仕事も、後にＩＴのコンサルティングで大いに役立つことになるわけですね。それと意識していたのは、少しラクになってきたな、と思ったら、もっと負荷をかけようとしていました。どこまで負荷をかけると限界に達するか。それはやってみないとわからないですから。

あとは基本は、人事を尽くして天命を待つ、ということです。運や出会いに任せる。巡り合わせに委ねる。実際、それ以外にやりようはないですから。

アクセンチュアはこの一〇年で、七万五〇〇〇人だった社員が、実に二三万六〇〇〇人へと規模を拡大させたという。グローバル化を進展させたことで、ビジネスがどんどん拡大しているのだ。では、グローバル人材はどのように育成されているのか。

社長としての方針は、任せることです。そして、我慢する（笑）。あまり我慢していないと思われるかもしれませんけど、実はじっと我慢しているんです。そして相手のやり方でやらせてあげる。僕がすべて指示を出し始めると、社員が伸びないじゃないですか。間違いが起こるリスクもある。でも、そのときはちゃんと救ってあげればいい。それこそ、トップの仕事ですから。

あるアナリストにこんなことを言われました。アクセンチュアのグローバルの経営は、基本的に誰が社長になっても、あまり変わらない。仕組みとパートナーシップがしっかりしているから。実際、幹部はみんな一緒に育ってきた人間たちなんですよ。将来のリーダー候補ということで、いろんな局面で顔を合わせている。だから一体感があるんですね。以前の社長はアメリカ人でしたが、今の社長はフランス人で、フランスから指揮をとっています。

また、人材は世界中で共有のリソースです。だから、人の取り合いは時に激しいものになります。そこら中で争いはありますね（笑）。海外でキャリアを積んだ人を、日本に引っ張ってくることももちろんありますし、逆に日本でキャリアを積んで、海外で働いている社員もいます。

ただ、これはアクセンチュアならではの文化かもしれませんが、基本的に本人が納得しないと動きません。プロジェクトもそうですが、本人がやる、と言ってから異動が決まる。これは、キャリアが傷つかない、とても重要なスタイルだと思っています。会社から勝手に辞令がやってきて、有無を言わさず拒否もできない。これでは、キャリアは傷つきます。

マネジャーはそれこそ三六〇度で評価されます。部下が面白い仕事、やりがいのある仕事ができているかは、マネジャーにとって重要な評価項目なんです。しかも、これがグローバルに行われるわけですね。上司が外国人になることもあれば、部下が外国人になることもある。こういう風土の中にいると、グローバル感は当たり前のものになるんです。

よく、どこの国の人はどういうタイプで、どこの国の人はこうで、みたいなジョークがありますが、そういう危ないジョークをみんなでしょっちゅう言い合ったりしていますね。社員間じゃなければ、お互いの神経を逆なでしそうなことも平気で言えてしまう（笑）。そういう環境ができているんです。

そしてもし、本当にグローバルなリーダーになりたいのであれば、どんなことが必要になるのかもわかります。今であれば、間違いなくアジアでの勤務を経験することは必須になるでしょう。また、アジアの人間なら、英語力と、それに付随するコミュニケーション力はとても大事なものになります。

とにかく英語がうまくしゃべれればいい、ではないんです。例えば、根回しやフォローがちゃんとできるか。外資系でも根回しはちゃんとあるんですよ。事前に報告しておいたほうがいいことは、あるに決まっているわけです。また、会議の後にはしっかりフォローする。メールなり、電話なり、レターでもいい。フォローされれば、受け手は安心します。

しゃべることにも、英語にはステージがあると僕は思っています。例えば、ネイティブじゃない人が英語を話すと、どうしても言葉数が多くなってしまうんですね。だから、端的にポイントとなる言葉を、パッパパッパと短く突けるような練習をしたほうがいい。また、ただしゃべるのではなく、気持ちを出すことが大事。淡々としゃべるところもあれば、熱を帯びるところもある。テクニカルな意識です。

僕自身は、特別に自分で英語を勉強したりしたことはありません。でも、今はいろんな会社でトレーニングプログラムが充実しているでしょう。それを使わない手はない。僕もまだまだ、できていないところはたくさんあるんですけどね。

グローバル人材をどう育成していくか。これは日本企業でも重要なテーマになってきています。シンプルだけれど、いいやり方だな、と思ったのは、若手社員に二度海外に出る経験を積ませる、という方法です。一度は上司が外国人のところに行く。二度目は自分が外国人を使う。これを意図的にやる。これをやれば、自分に何が足りないのかがわかります。その後のトレーニングにも意味が出てくる。

また、僕が推奨しているのは、プロジェクトを海外に出してしまうことです。例えば、システム開発は日本でやらずに、シンガポールや香港、アメリカで行う。リーダーを外国人にして、日本人の部下をつけて、日本のシステムを作る。

競争力の問題もありますが、グローバル人材を育成するのは、このくらいやったほうがいいと思っています。そういう時代が、もうすでに来ているんです。

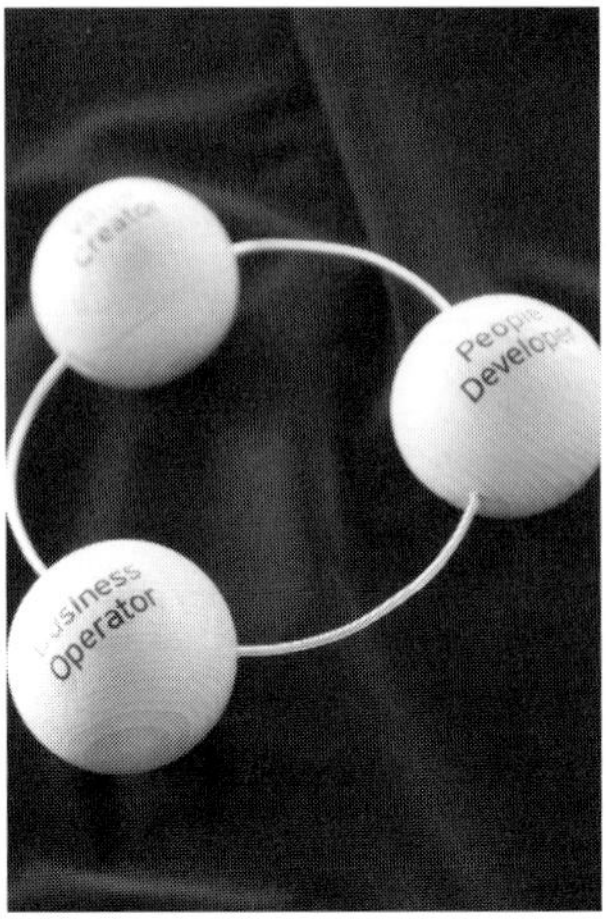

アクセンチュア株式会社

経営コンサルティング、テクノロジー・サービス、アウトソーシング・サービスを提供するグローバル企業、アクセンチュアの日本法人。業界や業務プロセスについての専門知識と技術力を背景に、ビジネスとテクノロジーの新しい動向をとらえ、世界中で顧客を支援するソリューションを創造。顧客がより高いビジネス・パフォーマンスを達成できるよう、顧客と協力して革新の実現に取り組んでいる。従業員数は約5000人。

［編者］
ISSコンサルティング
『外資系転職のISS』として15年以上にわたり築き上げてきた外資系企業との信頼と実績をもとに、ミッドキャリアからエグゼクティブのプロフェッショナル紹介に特化した人材ビジネスを行っている。外資系企業の消費財、IT、金融、コンサルティング、メディカル、製造業等、広い業界をカバーし、紹介職種も、経営幹部、財務・経理、マーケティング、広報、営業、物流・購買、IT技術者、またはMBA・CPA取得者や海外でキャリアを積んだスペシャリストに至るまで、幅広い人材の紹介を行っている。
【株式会社アイ・エス・エス・コンサルティング】http://www.isssc.com

［執筆協力者］
上阪徹（うえさか・とおる）
1966年、兵庫県生まれ。89年、早稲田大学商学部卒。リクルートグループなどを経て、95年よりフリー。著書に『六〇〇万人の女性が支持する「クックパッド」というビジネス』（角川SSC）、『書いて生きていく　プロ文章論』（ミシマ社）、『預けたお金が問題だった。』（ダイヤモンド社）、『文章は「書く前」に８割決まる』（サンマーク出版）など。インタビュー集に『プロ論。』（徳間書店）、『我らクレイジー☆エンジニア主義』（中経の文庫）などがある。

外資系トップの英語力
――経営プロフェッショナルはいかに最強ツールを手にしたか

2011年11月25日　第１刷発行
2011年12月15日　第２刷発行

編　者――――ISSコンサルティング
発行所――――ダイヤモンド社
〒150-8409　東京都渋谷区神宮前6-12-17
http://www.diamond.co.jp/
電話／03･5778･7236（編集）　03･5778･7240（販売）

装丁・本文デザイン――竹内雄二
製作進行――――ダイヤモンド・グラフィック社
印刷――――――堀内印刷所（本文）・共栄メディア（カバー）
製本――――――ブックアート
編集担当――――村上実奈子

ISBN 978-4-478-01684-8